채근담

채근담

초판 1쇄 발행 | 2015년 8월 3일

옮긴이 | 최태응
펴낸곳 | 북팜
주소 | 서울 마포구 성지5길 19
전화 | 02-337-0549
팩스 | 02-337-0546

ISBN 978-89-97959-23-5(03150)

동양 고전에서 인생의 길을 묻다

채근담

| 최태웅 옮김 |

북팜

머리말

　동양의 고전(古典) 가운데 수양(修養)을 위한 명저로《채근담(菜根譚)》만큼 여러 사람의 입에 오른 책은 일찍이 없었다. 책 전편이 처세훈(處世訓)과 격언(格言)으로 구성되어 있는데, 어느 한 구절도 인격을 수양하는 데 빼놓을 수 없는 명언이며 금과옥조(金科玉條)이다.
　그 내용에 있어서도 유교적인 교훈(敎訓) 일변도에서 벗어나 불교(佛敎)와 도교(道敎)의 사상까지 수용한 흠잡을 데 없는 인생론(人生論)을 펼치고 있어, 후세의 많은 학자와 문인들 사이에 언급되어 왔으며, 오늘날까지도 동양 삼국에서 널리 읽혀지고 있다.
　책 제목의 '채근(菜根)'이란 말은 '나무뿌리를 캐 먹고 사는 담박한 사람은 모든 일을 성취할 수 있다'는 송(宋)나라 때의 학자 주희(朱熹)가 엮은《소학(小學)》에서 유래한 말이다.

다만 책의 내용이 현대의 사고와 가치관으로 보면 너무 둔세적(遁世的)이고 한정(閒靜)에 치우쳐 쉽게 이해하기 어려운 부분이 많다는 점이다. 그러나 곰곰이 잘 되새겨 생각해 보면 그 말들 뒤에 숨겨진 깊은 뜻을 이해하고 고개를 끄덕이게 될 것이다. 그러므로 이《채근담》은 눈으로 읽는 책이 아니라 마음으로 읽어야 할 책이라고 생각된다.

저자에 대해서는 여러 설이 있으나 명(明)나라 말기의 학자 홍자성(洪自誠)이 지었다는 것이 통설이다. 그가 어떤 사람인지는 알려져 있지 않으나 책의 내용으로 보아 유교, 불교, 도교에 정통했다는 사실만은 틀림없다.

차 례

머리말   4

01 영원히 처량하기보다 일시 적막 하라.   18
02 경험이 적을수록 깨끗하다.   19
03 마음은 보이되 재주는 감추어라.   20
04 물들지 않는 자가 가장 깨끗하다.   21
05 거슬리는 모든 것은 나를 닦는 숫돌이다.   22
06 즐거운 기분으로 살아라.   23
07 담백한 것이 참다운 맛이다.   24
08 바쁠 때일수록 여유를 가져라.   25
09 홀로 고요히 마음을 살피면 진실이 보인다.   26
10 만족스러울 때 머리 돌려 주위를 보라.   27
11 부귀를 탐하면 지조를 잃는다.   29
12 마음을 활짝 열어 너그럽게 하라.   30
13 가장 편안한 처세는 배려하는 것이다.   32
14 마음에 욕심이 없으면 성인이 될 수 있다.   33
15 순수한 본마음을 지녀야 한다.   34
16 받아서 누림에는 분수를 넘지 말라.   35
17 남을 이롭게 하는 것이 나를 이롭게 하는 것이다.   36
18 큰 공로도 뽐냄으로서 사라지게 된다.   37
19 명예와 절의는 혼자 차지하지 마라.   38
20 모든 일에 완벽하기를 바라지 말자.   39
21 즐거운 얼굴, 부드러운 말씨로 가족을 대하라.   41

㉒ 고요한 가운데에도 힘찬 움직임이 있어야 한다.　42
㉓ 지나치게 엄하게 꾸짖지 말라.　43
㉔ 밝음은 어두움에서 비롯된다.　44
㉕ 객기를 물리쳐야 정기가 자라난다.　45
㉖ 사후의 후회를 사전에 생각하라.　47
㉗ 초월하되 등한히 하여서는 안 된다.　48
㉘ 과실이 없으면 그것이 성공이다.　49
㉙ 청백함도 지나치면 이로울 게 없다.　50
㉚ 일이 막혀 고달플 땐 첫 마음을 생각하라.　51
㉛ 총명함을 자랑하면 어리석은 병이 깊은 것이다.　52
㉜ 침묵을 겪어 본 후에 말 많음이 시끄러움을 안다.　53
㉝ 인의 도덕을 버려야 성인의 경지에 들 수 있다.　55
㉞ 독선적인 생각이 마음을 해친다.　56
㉟ 어려운 길에서는 한 걸음 물러설 줄 알라.　57
㊱ 엄하게 하기보다 미워하지 않기가 어렵다.　58
㊲ 우직함을 지키고 총명함을 버려라.　59
㊳ 객기가 사라지면 포악함도 사라진다.　61
㊴ 제자를 가르침은 처녀를 기르는 것과 같다.　62
㊵ 욕망을 끊고 도리를 찾아야 한다.　63
㊶ 즐기고 좋아함은 적당해야 한다.　64
㊷ 사람이 힘을 모으면 하늘을 이긴다.　65
㊸ 세상을 살아감에는 한 걸음 물러서라.　66
㊹ 배우는 사람은 정신을 집중해야 한다.　67
㊺ 욕심과 정에 가려지면 지척이 천리가 된다.　68

㊻ 탐욕에 집착하면 위기를 당하게 된다. 69

㊼ 악한 자는 웃음소리에도 살기가 있다. 70

㊽ 보이지 않는 곳에서부터 죄 짓지 말아야 한다. 71

㊾ 마음 쓸 일 많은 것이 가장 큰 재앙이다. 72

㊿ 난세에는 원만히 살아가야 한다. 73

(51) 은혜는 기억하되 원한은 잊어라. 74

(52) 베풀되 의식하지 마라 76

(53) 서로의 입장을 비교하며 균형을 잡아라. 77

(54) 책은 깨끗한 마음으로 읽어야 한다. 78

(55) 사치하는 사람은 부유해도 항상 부족하다. 79

(56) 책을 읽되 깨닫지 못하면 글의 노예일 뿐이다. 80

(57) 참된 진리는 마음속에 있다. 82

(58) 항상 반대의 상황에 대비하라. 83

(59) 부도덕한 부귀와 명예는 오래가지 못한다. 83

(60) 베풀지 않는 백년 살이 하루살이만 못하다. 85

(61) 지나친 엄함과 결백은 생명력이 없다. 86

(62) 참으로 큰 재주는 별다른 재주가 없는 것이다. 87

(63) 군자는 모자라는 곳에 머문다. 88

(64) 마음의 청렴 없는 외적인 청렴은 무의미하다. 89

(65) 마음이 밝으면 어둠 속에도 빛을 본다. 90

(66) 가장 큰 근심은 마음의 근심이다. 91

(67) 악행을 하고 두려워함은 선해질 가망이 있다. 92

(68) 군자는 변화되는 상황에 초연하다. 93

(69) 여유와 너그러움 속에 복이 있다. 94

70	행복은 억지로 구할 수 없는 것이다.	95
71	군자는 떠들지도 나서지도 않는다.	97
72	마음이 따뜻해야 복도 두텁고 오래간다.	98
73	욕망의 길은 좁아 빠져나오기 어렵다.	100
74	고난 뒤에 얻은 행복이 참 행복이다.	101
75	마음이 충만하면 물욕이 생기지 않는다.	102
76	맑은 물에는 고기가 살지 못한다.	102
77	노력 없이는 아무 것도 이룰 수 없다.	104
78	욕심이 없으면 한 세상 초월할 수 있다.	105
79	정욕은 내면의 도둑이다.	106
80	뉘우침은 예방함만 못하다.	107
81	기상은 높되 소홀해서는 안 된다.	108
82	바람이 지나도 소리를 남기지 않는다.	109
83	치우치지 않음이 참다운 덕이다.	111
84	한 때 곤궁해도 자포자기 하지 마라.	112
85	한가한 때에 시간을 헛되이 마라.	113
86	생각나면 깨닫고 깨달았으면 돌이켜라.	114
87	마음을 보며 도를 체득하는 법	115
88	고요 속에 고요함은 고요가 아니다.	116
89	결심에 대한 의심은 부끄러울 뿐이다.	117
90	뜻이 곧은 선비는 하늘이 길을 열어준다.	119
91	요행을 바라지 말고 직분에 충실하라.	120
92	사람을 보려면 노년을 보라.	121
93	권세에 탐하면 지위는 있되 거지와 같다.	123

(94) 지금 나의 행함이 훗날 자손의 복이 된다. 124
(95) 군자의 위선은 소인의 악행과 같다. 125
(96) 훈계는 온화함으로 하라. 126
(97) 내 마음이 너그러우면 세상이 온화해 진다. 127
(98) 지조를 지키되 엄격함을 드러내지 마라. 128
(99) 역경에서의 고통은 모두 약이 된다. 129
(100) 부귀한 욕심의 불꽃이 자신을 태운다. 130
(101) 사람의 집념은 바위를 뚫는다. 131
(102) 지극함은 곧 평범함으로 간다. 132
(103) 세상 모든 것이 허상이면 만물은 하나다. 133
(104) 즐거운 모든 것은 절반에서 그치게 하라. 134
(105) 남의 허물, 비밀, 과오는 잊어라. 135
(106) 몸가짐은 무겁게, 마음가짐은 가볍게 하라. 136
(107) 천지는 영원하되 삶은 유한하다. 137
(108) 은혜와 원한을 모두 없게 하라. 138
(109) 번성했을 때 조심함을 잃지 말라. 139
(110) 새 벗을 사귐보다 옛정을 두터이 하라. 140
(111) 권력과 사욕에 발들이지 마라. 141
(112) 선행 없는 칭찬받지 말라. 142
(113) 친구의 잘못은 마땅히 충고하라. 143
(114) 대장부는 자포자기 하지 않는다. 144
(115) 한 끼의 밥으로도 평생의 은혜를 만든다. 144
(116) 드러내지 않음으로 자신을 보호하라. 146
(117) 홍성할 때 쇠퇴함을 대비하라. 147

118	참된 것은 일상생활 속에 있다.	148
119	욕망과 분노는 대담히 끊어라.	149
120	나의 장점으로 남의 단점을 들추지 마라.	150
121	남의 단점은 덮어줘야 한다.	151
122	음침한 사람에게는 마음을 열지 말라.	152
123	긴장된 마음은 풀 줄 알아야 한다.	153
124	작은 막힘이 한결 같은 흐름을 막는다.	154
125	지식과 의지는 함께 있어야 한다.	155
126	알아도 표현하지 말라.	156
127	고난을 피하지 말고 이겨내라.	157
128	감정을 다스림이 화목을 이루는 길이다.	159
129	남이 속일 것을 미리 의심하지 말라.	160
130	공론을 사사로이 이용하지 말라.	162
131	칭찬과 비난 모두 삼가라.	163
132	참으로 큰 것은 은밀히 이루어진다.	164
133	감사할 사랑은 참사랑이 아니다.	166
134	내세우지 않으면 허물도 없다.	167
135	시기와 질투는 육친이 더 심하다.	168
136	은혜와 원한은 드러내지 마라.	169
137	행실이 고상하면 비방이 따른다.	170
138	숨어있는 것이 더 크다.	171
139	덕은 주인이고 재능은 종이다.	171
140	달아날 길은 열어 줘라.	173
141	공은 양보하고 허물은 함께 하라.	174

⑭²	한마디 말로도 공덕을 쌓는다.	175
⑭³	따뜻하면 오고 추우면 떠나간다.	176
⑭⁴	마음을 가벼이 하지 말라.	177
⑭⁵	덕은 도량에 따라 발전한다.	177
⑭⁶	정욕과 기호가 병의 원인이다.	178
⑭⁷	원망은 서로를 해치는 것이다.	179
⑭⁸	정신은 영원하다.	180
⑭⁹	지혜와 재주는 믿을 수 없다.	181
⑮⁰	참다운 생각을 품어야 한다.	182
⑮¹	괴로움만 버리면 즐거움은 절로 있다.	183
⑮²	한 가지 일로도 자손이 불행하다.	184
⑮³	잘 따르지 않는 자는 내버려둬라.	184
⑮⁴	덕성 없이 절의는 무의미하다.	186
⑮⁵	전성기에 물러나라.	187
⑮⁶	베풂에는 보답을 생각지 마라.	188
⑮⁷	사귐에는 시중사람이 산골노인보다 못하다.	188
⑮⁸	덕은 모든 일의 기초이다.	190
⑮⁹	마음은 자손의 뿌리가 된다.	190
⑯⁰	자기 것을 알되 자랑은 마라.	191
⑯¹	배움은 끼니와 같다.	192
⑯²	남을 믿는 사람은 진실하다.	193
⑯³	너그러우면 생기가 있다.	194
⑯⁴	선악의 결과는 보이지 않게 나타난다.	195
⑯⁵	은밀한 일에는 마음을 분명히 하라.	196

166 검소를 빌어 인색을 꾸미지 말라. 197
167 즉흥적인 일은 곧 멈추게 된다. 198
168 남은 용서하되, 나는 용서하지 마라. 199
169 더럽혀지지 않으면 청백한 사람이다. 199
170 처음엔 엄격하게 나중에는 관대하게. 201
171 마음을 비우면 본성이 나타난다. 203
172 남이 나를 받드는 것은 지위 때문이다. 204
173 사랑이 없으면 그저 물체일 뿐이다. 205
174 마음의 바탕은 하늘의 바탕이다. 206
175 일 없을 때 마음은 어두워지기 쉽다. 207
176 일밖에 몸을 두어 이해를 살펴라. 207
177 몸가짐은 엄정하게 마음은 온화하게. 208
178 화기만으로 몸을 보전하라. 209
179 속이는 사람은 감동시켜라. 210
180 자비심이 세상을 온화하게 한다. 211
181 평범한 덕행만이 평화를 준다. 212
182 세상살이의 첩경은 참는 것이다. 213
183 마음이 밝은 자가 당당한 자이다. 214
184 평소에 마음의 주체를 세워라. 215
185 사물의 힘을 다 쓰지 말라. 216
186 청렴하면 위엄이 생긴다. 217
187 젊었을 때 노쇠할 때를 생각하라. 218
188 지나치게 깨끗하게 분명하게 살지 말라. 219
189 소인과 원수를 맺지 말라. 220

⑲⓪ 이론에 집착함은 고치기 어렵다.	221
⑲① 쉽게 이룬 수양은 수양이 아니다.	221
⑲② 귀에 쓴 말이 약이 된다.	222
⑲③ 이욕의 해보다 명예욕의 해가 깊다.	223
⑲④ 각박과 경박을 경계하라.	224
⑲⑤ 헐뜯음은 밝혀지나 아첨은 깨닫기 어렵다.	225
⑲⑥ 높고 험한 산에 나무가 자라지 못한다.	226
⑲⑦ 원만한 사람이 성공한다.	227
⑲⑧ 싫어하게도 기뻐하게도 하지 말라.	228
⑲⑨ 만년에 정신을 더욱 가다듬어라.	229
⓶⓪⓪ 재주와 총명함을 드러내지 말라.	230
⓶⓪① 겸양이 지나치면 비굴함이 된다.	231
⓶⓪② 처음이 어렵다고 꺼리지 말라.	233
⓶⓪③ 술잔치가 잦은 집은 좋은 집이 아니다.	233
⓶⓪④ 즐거움에 이끌려 괴로운 곳으로 간다.	234
⓶⓪⑤ 만족스런 상태는 불안하다.	235
⓶⓪⑥ 냉철한 마음으로 도리를 생각하라.	236
⓶⓪⑦ 너그러우면 복이 두텁다.	237
⓶⓪⑧ 쉽게 사귀거나 미워하지 말라.	238
⓶⓪⑨ 평화롭고 유순하면 복이 모여든다.	239
⓶①⓪ 사람을 쓸 때 각박하게 하지 말라.	240
⓶①① 유혹 많으면 먼 곳을 바라보라.	242
⓶①② 절의와 온화함을 함께 갖추어라.	242
⓶①③ 만나기 쉬워야 정이 쌓인다.	243

214 사람 대하기를 어려워하라. 244
215 삶이 힘들 땐 더한 사람을 생각하라. 245
216 피곤하다 끝맺음을 소홀히 말라. 246
217 책을 읽되 형식에 빠지지 말라. 247
218 현명한 자, 부유한 자 베풀라. 248
219 어중간한 사람이 같이하기 어렵다. 249
220 입은 마음의 문이다. 250
221 꾸짖을 때는 허물없음을 찾아라. 251
222 어린이는 어른의 씨앗이다. 251
223 늦게 이루는 것이 낫다. 252
224 고요함 속에 인생을 보고 마음을 안다. 253
225 고요함을 누려야 인생의 참맛을 느낀다. 254

1. 영원히 처량하기보다 일시 적막 하라.

> 서 수 도 덕 자 는 적 막 일 시 나 의 아 권 세 자 는 처 량 만 고 라.
> **棲守道德者는 寂寞一時나 依阿權勢者는 凄凉萬古라.**
> 달 인 은 관 물 외 지 물 하 고 사 신 후 지 신 하 니
> **達人은 觀物外之物하고 思身後之身하니**
> 영 수 일 시 지 적 막 이 언 정 무 취 만 고 지 처 량 하 라.
> **寧受一時之寂寞이언정 毋取萬古之凄凉하라.**

● 해석(解釋)

 도덕을 지키는 자는 한 때 적막하나 권세에 아부하는 자는 만고에 처량하다. 달관한 사람은 물욕 밖의 진리를 보고 죽은 후의 명예를 생각하니, 차라리 한 때 적막할지언정 만고에 처량하게 되어서는 안 된다.

● 해설(解說)

 도덕뿐만 아니라 진리를 탐구하고 명예를 지키기 위해서 세상의 온갖 유혹을 떨치고 살기란 그리 쉬운 일이 아니다. 그렇게 살다 보면 자신은 물론 가족 전체가 각고(刻苦)의 희생을 견디어야 하지만, 뒤돌아보면 후회 없는 삶이 될 것이다.

2. 경험이 적을수록 깨끗하다.

섭세천하면 점염역천하고 역사심하면 기계역심이라.
涉世淺하면 點染亦淺하고 歷事深하면 機械亦深이라.
고로 군자는 여기련달로 불약박로하고
故로 君子는 與其練達로 不若朴魯하고
여기곡근으로 불약소광이라.
與其曲謹으로 不若疎狂이라.

● 해석(解釋)

 세상 경험이 적으면 때 묻음 역시 적고, 겪은 일이 깊으면 수단 역시 깊게 된다. 그러므로 군자는 숙달하기보다는 박로(朴魯)한 것이 낫고, 곡근(曲謹)하기보다는 소탈한 것이 낫다.

● 해설(解說)

 세상 경험이 많아 매사를 능숙하게 처리하고 사람을 노련하게 다루는 사람을 보면 부럽게 마련이다. 현대에는 이처럼 처세에 능한 사람이 어디를 가나 환영을 받지만 꼭 그렇게만 생각할 것도 아니다. 세상을 헤쳐 가는 경험이 많으면 그만큼 나쁜 지혜가 발달되고 권모술수(權謀術數)도 늘게 된다. 그러므로 군자는 노련함보다는 순박하고 어수룩하고, 매사에 철저히 조심하는 것보다는 소탈해야 진실성이 있어 친화력(親和力)을 갖는다.

3. 마음은 보이되 재주는 감추어라.

> 군자지심사는 천청일백하여 불가사인부지요.
> 君子之心事는 天靑日白하여 不可使人不知요,
> 군자지재화는 옥온주장하여 불가사인이지라.
> 君子之才華는 玉韞珠藏하여 不可使人易知라.

● 해석(解釋)

  군자의 마음은 푸른 하늘의 태양처럼 밝아서 사람들로 하여금 모르게 해서는 안 되고, 군자의 재주는 주옥(珠玉)이 감추어져있듯 하여 사람들로 하여금 쉽게 알게 해서는 안 된다.

● 해설(解說)

  하늘을 우러러 한 점 부끄럼 없는 것이 군자의 마음이니 굳이 마음의 문을 닫을 게 무엇인가? 땅을 굽어보아도 떳떳한 삶이니 남의 평판 따위에 귀 기울일 필요가 없다. 그러나 마음을 활짝 여는 것과 자신의 재능을 떠벌이는 것과는 다르다.
  예로부터 재능이 많은, 사람은 경박하다고 일러 왔다. 옥은 바위 깊숙한 곳에 자취를 숨기고 있으며 진주는 바다 깊숙이 자태를 숨기고 있어 더욱 값진 것이 아니겠는가?

4. 물들지 않는 자가 가장 깨끗하다.

> 세리분화는 불근자위결이요 근지이불염자 위우결하며,
> 勢利紛華는 不近者爲潔이요 近之而不染者 爲尤潔하며,
> 지계기교는 부지자위고요 지지이불용자 위우고니라.
> 知械機巧는 不知者爲高요 知之而不用者 爲尤高니라.

● 해석(解釋)

  권세, 명리(名利), 사치, 부귀를 가까이 하지 않으면 깨끗하며, 그런 걸 가까이 하고 있어도 물들지 않으면 더욱 깨끗하다. 권모술수를 모르는 자는 고상하며, 그걸 알고도 쓰지 않는 자가 더욱 고상하다.

● 해설(解說)

  권세, 명리, 사치, 부귀는 사람마다 탐을 내게 마련이다. 그러나 분수 이외의 이런 것을 바라다가 패가망신하는 경우를 우리는 흔히 본다. 특히 물질주의가 팽배한 현대 사회에서는 자기 분수를 지키며 사는 사람을 무능으로 몰아붙이는 풍조가 심화되고 있다.

  노력하고 능력을 개발하여 잘 사는 사람이 지탄을 받을 것은 없다. 그러나 중요한 것은 그런 사람이 남과 더불어 행복을 추구하느냐가 문제이다. 기업자가 이익을 추구하는 것이 나쁠 것은 없지만 이익만 너무 쫓다 보면 자칫 도덕성을 잃게 된다. '요즈음 대기업이 중소기업 분야를 잠식하고 있어 사회 문제가 되고 있는 것이 좋은 본보기이다'

5. 거슬리는 모든 것은 나를 닦는 숫돌이다.

耳中에 常聞逆耳之言하고 心中에 常有拂心之事하면
纔是進德修行的砥石이라
若言言悅耳하고 事事快心이면
便把此生을 埋在鴆毒中矣라.

● 해석(解釋)

귀로 항상 거슬리는 말을 듣고 마음속에 항상 걸리는 일이 있으면 이는 덕을 쌓고 행실을 닦는 숫돌이 된다. 그러나 만약 말마다 듣고서 기쁘고 일마다 마음이 상쾌하면 이는 바로 내 목숨을 독약으로 죽이는 것과 같다.

● 해설(解說)

귀에 거슬리는 충고를 자주 들려주는 친구가 있는 사람은 행복하다.

그래서 나를 칭찬만 해주는 사람은 나를 해치는 사람이며, 나를 꾸짖는 사람은 나의 스승이라고 했다. 이러한 친구끼리의 충고를 책선(責善)이라 하는데, 우리는 흔히 친구의 잘못을 보고도 그가 어떻게 생각할까 몰라 못 본 체하고 마는 경우가 종종 있다.

조선 현종 때 대학자 우암(尤庵) 송시열(宋時烈) 선생에 대한 이런 일화가 있다. 송시열은 복어를 몹시 좋아하였다. 하루는 어떤 집에 제자들과 함께 초대되어 식사를 하게 되었는데, 그 집에서는 그의 식성을 아는지라 복어 국을 끓였다. 송시열이 막 복어에 손을 대려 할 때 제자 한 사람이 말했다.

"선생님, 복어는 자칫 잘못하면 사람의 목숨을 빼앗습니다. 군자가 배를 불리기 위해 그런 위험을 무릅써야 되겠습니까?"

그 말을 들은 송시열은 들었던 복어를 내려놓으며 이렇게 말했다.

"그대 말이 참으로 옳다. 내가 미처 그 생각을 못했었네."

6. 즐거운 기분으로 살아라.

> 질풍노우엔 금조척척하고
> 疾風怒雨엔 禽鳥戚戚하고
> 제일광풍엔 초목흔흔하니 가견천지에 불가일일무화기요
> 霽日光風엔 草木欣欣하니 可見天地에 不可一日無和氣요
> 인심에 불가일일무희신이라.
> 人心에 不可一日無喜神이라.

● 해석(解釋)

　세찬 비바람이 불면 새들도 걱정스러워 어쩔 줄을 모르고, 날씨가 개어 화창한 날 산들바람이 불면 초목도 기뻐하는 듯하다. 이로써 보면 천지에 하루라도 화평한 기운이 없을 수 없는 것이요, 사람의 마음에는 하루라도 기쁜 정신이 없어서는 안 된다.

● 해설(解説)

　폭풍우가 몰아치면 이제까지 즐겁게 지저귀던 새들은 날개를 접으며 둥지로 찾아들고 마음껏 뛰놀던 짐승들은 꼬리를 감추고 제 소굴을 찾는다. 그러다가 날씨가 개면 금수는 물론 초목까지도 기쁜 듯 춤을 추니, 이것이 자연의 제 모습이다. 이런 원리는 인간사회에서도 마찬가지이다. 괜히 화를 잘 내어 부하들의 기를 꺾는 직장의 상사나 집에 들어오면 공연히 짜증을 부리는 가장은 불행한 사람이다. 하루 생활의 대부분을 보내는 직장과 가정이 항상 화기에 차 있어야 자신의 발전은 물론 공동체의 발전도 따르게 된다.

7. 담백한 것이 참다운 맛이다.

> 농비신감이 비진미요 진미는 지시담하며,
> 醲肥辛甘이 非眞味요 眞味는 只是淡하며,
> 신기탁이가 비지인이요 지인은 지시상이라.
> 神奇卓異가 非至人이요 至人은 只是常이라.

● 해석(解釋)

　진한 술, 기름진 고기와 맵고 달콤한 음식이 진미가 아니요, 진미는 담백한 것이며, 신기하고 뛰어난 재주가 있는 것이 지인이 아니요, 지인이란 평범하다.

● 해설(解說)

　맛이 짙은 진미는 곧 식상(食傷)하게 마련이다. 사람을 사귀는 데도 이런 원리는 적용되니, 처음에 너무 달콤한 말이 많은 사람은 미덥지가 못하다.

　너도나도 탁월한 인재를 찾는 현대 사회이지만, 과연 그런 인재는 어디에 있는가?

　평범한 사람을 적재적소에 등용하여 일할 수 있는 여건을 잘 조성해 주고, 개인은 개인대로 구성원들과 조화를 이루면서 노력하면 좋은 결과를 얻을 것이다. 여기에서 말한 지인(至人)이란 인간성과 능력을 갖춘 엘리트로 생각하면 무방할 것이다.

8. 바쁠 때일수록 여유를 가져라.

　　천지는 적연부동하되　이기기는 무식소정하고
　　天地는 寂然不動하되 而氣機는 無息少停하고
　　일월은 주야분치하되　이정명은 만고불역이라.
　　日月은 晝夜奔馳하되 而貞明은 萬古不易이라.
　　고로 군자는 　한시에 요유끽긴적심사하고
　　故로 君子는 閒時에 要有喫緊的心思하고
　　망처에 　요유유한적취미라..
　　忙處에 要有悠閒的趣味라.

● 해석(解釋)

　천지는 고요하여 움직이지 않지만 그 활동은 잠시도 쉬는 일이 없고, 해와 달은 밤낮으로 달리지만 그 밝음은 영원히 바뀌지 않는다.

그러므로 군자는 한가할 때에 긴장된 마음을 가져야 하고, 바쁜 때에는 유유자적하는 멋이 있어야 한다.

● 해설(解說)

　천지는 끊임없이 운동하고 있으나 우리는 그걸 느끼지 못한다. 사회를 이끌어 가는 교양 있는 계층을 군자(君子)라 한다. 이 군자는 항상 자연의 이치를 궁리하여 자연과 합치되는 생활을 이상(理想)으로 여겼다. 한가할 때라 하여 사유(思惟)를 게을리 하지 않고 앞날을 내다보고 준비하였으며, 바쁜 때라 하여 하는 일에만 매달리지 않고 망중한(忙中閑)을 즐겼다. 유한(悠閒)의 멋이란 오늘날 우리들이 즐기는 소란스런 오락이나 운동, 여행들과는 차이가 있음을 알아야 한다. 조용한 곳에 혼자 있으면서 아득한 우주의 세계를 궁리하면서 거기에 자신이 몰입(沒入)되는 그런 멋이 아니었을까?

9. 홀로 고요히 마음을 살피면 진실이 보인다.

야심인정에 독좌관심하면 시각망궁이진독로하니
夜深人靜에 獨坐觀心하면 始覺妄窮而眞獨露하니

매어차중에 득대기취라.
每於此中에 得大機趣라.

기각진현이망난도하면
旣覺眞現而妄難逃하면

우어차중에 득대참뉴이라.
又於此中에 得大慚忸이라.

● 해석(解釋)

　밤이 깊어 인적이 고요할 때 홀로 앉아 사색에 잠기면 망령된 생각이 다 사라지고 진심이 드러나게 되니, 매양 이러한 가운데서 큰 기취(機趣)를 얻게 된다. 이미 진심이 드러나도 망령된 생각이 사라지지 않음을 깨달으면 이런 가운데서 크게 부끄러움을 느끼게 된다.

● 해설(解說)

　삼라만상(森羅萬象)이 잠든 고요한 밤에 자신을 돌아다보면 부끄러움이 잘한 일보다 많음을 깨닫는다. 그러나 이튿날부터 우리는 다시 그 부끄러운 일을 반복하면서 산다. 이런 생활의 반복이 인생이지만, 가끔 자신을 뒤돌아보고 부끄러움을 느끼면 그래도 조금은 참된 삶을 산다고 할 수 있을 것이다.

10. 만족스러울 때 머리 돌려 주위를 보라.

　은리에 유래생해라
　恩裡에 由來生害라
　고로 쾌의시에 수조회두하라.
　故로 快意時에 須早回頭하라.
　패후에 혹반성공이라
　敗後에 或反成功이라
　고로 불심처에 막변방수하라.
　故로 拂心處에 莫便放手하라.

● 해석(解釋)

  은혜를 받는 가운데 해(害)가 이르게 된다. 그러므로 득의(得意)했을 때 일찌감치 머리를 돌려라. 실패한 후에 도리어 성공하게 마련이다. 그러므로 일이 뜻대로 안 된다고 해서 손을 떼지 말라.

● 해설(解說)

  자신은 은혜를 베풀었다고 생각하는데 상대방은 그걸 갚기는커녕 해를 끼치기도 하고, 내가 은혜를 받고 있으면 은혜를 베푸는 사람의 기분에 따라 지금까지의 영화가 하루아침에 화(禍)로 변하게 됨을 알아야 한다. 춘추(春秋)시대 위령공(衛靈公)의 신하에 미자하(彌子瑕)라는 신하가 있었다. 그는 임금으로부터 남다른 총애를 받고 있었는데, 하루는 어머니의 병이 위급하다는 말을 듣고 급한 김에 임금의 수레를 몰래 타고 달려갔다. 이런 사실을 뒤늦게 안 위령공은, "아, 참으로 어질도다. 미자하는 어머니에 대한 효심 때문에 형벌까지 두려워하지 않았구나." 하였다. 그 후 미자하는 또 위령공을 모시고 궁궐 과수원에 갔다가 먹던 복숭아가 너무 맛이 있자, 반쯤 먹던 걸 임금에게 맛보라고 권했다. 위령공은 더러운 것도 잊고, "아, 나를 사랑하는 마음 때문에 자신이 먹던 것임을 잊는구나." 하였다. 그런데 그 후 그에 대한 총애가 시들자 지난 일들을 거론해 죄를 주어 쫓으면서,

  "감히 국법을 어기고 임금의 수레를 훔쳤으며, 또 제가 먹던 더러운 것을 임금에게 권하였으니, 이는 임금을 업신여긴 것이 아니고 무엇이겠느냐?" 하였다.

11. 부귀를 탐하면 지조를 잃는다.

여구현장자는 다빙청옥결하고
藜口莧腸者는 多冰淸玉潔하고

곤의옥식자는 감비슬노안이라
袞衣玉食者는 甘婢膝奴顔이라

개지이담박명하고
蓋志以澹泊明하고

이절종비감상야라.
而節從肥甘喪也라.

● 해석(解釋)

명아주 국이나 비름나물로 창자를 채우는 사람은 얼음처럼 맑고 옥처럼 깨끗한 사람이 많고, 좋은 옷을 입고 맛있는 음식을 먹는 사람은 노예처럼 굽실거리고 아첨하기를 달게 여긴다. 대개 지조는 담박함에서 밝아지고 절개는 사치를 따라서 잃게 된다.

● 해설(解說)

나쁠 악(惡) 자가 들어가서 좋은 일이 없지만 '악의악식(惡衣惡食)'이란 문자는 좋은 것이고, 좋을 호(好) 자는 모두 좋은 것 같으나 '호의호식(好衣好食)'의 경우에는 나쁘게 쓰인다.

조선 현종(顯宗) 때 공조참판(工曹參判)을 지낸 김좌명(金佐明)에게 하인 한 사람이 있었다.

김좌명은 그가 똑똑한 것이 아까워 아전을 시키고 부잣집에 장가를 들도록 주선해 주었다. 그런데 하루는 그의 어머니가 찾아와 아들의 벼슬을 떼어 달라고 애원하는 것이 아닌가? 이상하게 여긴 김좌명이 까닭을 물었더니 그의 어머니는 이렇게 대답하였다.

"그 아이가 예전 가난한 때에는 보리밥, 시래깃국도 달게 먹었는데, 벼슬을 하고 부잣집에 장가든 후부터는 뱅어국도 맛이 없다고 타박을 합니다. 하나밖에 없는 아들이 그러다가 무슨 죄를 짓고 형장에 끌려갈 것만 같아 조바심이 나 견딜 수가 없습니다."

12. 마음을 활짝 열어 너그럽게 하라.

> 면전적전지는 요방득관하여 사인무불평지탄하고,
> 面前的田地는 要放得寬하여 使人無不平之歎하고,
> 신후적혜택은 요류득구하여 사인유불궤지사하라.
> 身後的惠澤은 要流得久하여 使人有不匱之思하라.

● 해석(解釋)

살아서의 마음은 활짝 열어 너그럽게 해서 사람들로 하여금 불평의 탄식이 없게 하고, 죽은 후의 혜택은 오래도록 전하게 해서 사람들로 하여금 만족하게 여기도록 하라.

● 해설(解說)

너그럽다는 말은 자칫 뼈대가 없다는 말로 오해하기 쉽다. 부정(不

正)·불의(不義)를 보고도 모르는 체하는 것이 너그러움이 아님은 분명하다.

조선 중종 때 영의정을 지낸 정광필(鄭光弼)은 성품이 너그럽기로 유명하였다. 한번은 암행어사가 되어 진도 군수(郡守)의 부정을 적발하기 위해 그곳으로 향했다. 그런데 벽파정이란 곳에 이르자 아직 해가 많이 남았는데도 곧바로 동헌으로 들지 않고 여관에서 하룻밤 자고 내일 출도 하겠다고 아랫사람에게 분부하는 것이었다. 이튿날, 그 군수는 탐욕스러움이 밝혀져 봉고파직(封庫罷職)되었으나 별로 억울해 하는 기색이 없이 오히려 어사의 처분을 고맙게 여기는 눈치였다. 한 사람이 정광필에게 물었다.

"어제 곧바로 출도 했으면 군수의 죄가 이처럼 가볍게 되지는 않았을 것 아닙니까?"

그러자 정광필은 빙긋이 웃으며 이렇게 말했다.

"바로 그것을 바랐던 것이다. 저 무식한 무인(武人)이 목민(牧民)하는 도리를 몰라 탐욕을 마음껏 부렸으니 어찌 실제대로 하면 죽음을 면하겠는가? 그래서 짐짓 하룻밤 묵으면서 여유를 준 것이다."

그 군수는 어사가 나타났다는 주막집 주인의 보고를 받고 그날 밤 부랴부랴 장부를 맞추었던 것이다. 법만을 지켜 죽이기보다는 개과천선의 길을 열어주는 것이 낫다는 판단에서였다. 이런 정광필이지만 결코 줏대 없는 재상은 아니었다. 연산군 때의 일이다. 황음무도한 임금의 잘못을 간(諫)하다가 마침내 노여움을 사고 말았다.

"전하의 행동은 나라를 망치고 말 것입니다."

자신을 망국의 임금에게 비유하자 연산군은 손수 칼을 뽑으면서 무사에게 칼을 다 뽑거든 정광필의 목을 치라고 명하였다. 그러나 정광필은 조금도 얼굴색을 변하지 않고 여전히 임금의 잘못을 간하니 흉포한 연산군도 마침내 어쩔 수 없음을 알고는 그만두었다.

13. 가장 편안한 처세는 배려하는 것이다.

경로착처엔 유일보하여 여인행하고,
徑路窄處엔 留一步하여 與人行하고,
자미농적은 감삼분하여 양인기하라
滋味濃的은 減三分하여 讓人嗜하라
차시섭세의 일극안락법이니라.
此是涉世의 一極安樂法이니라.

● 해석(解釋)

　작은 길 좁은 곳에서는 한 걸음을 남기어 남이 지나가도록 하고, 맛있는 음식은 3분의 1을 덜어 남이 먹도록 양보하라. 이것이 처세에 가장 마음 편한 방법이다.

● 해설(解說)

　양보는 고금을 통하여 미덕(美德)이 아닐 수 없다. 그런데 요즈음은 이 미덕이 힘없고 아둔한 사람의 무능(無能)으로 통하게 되었다.
　옛날 사람들은 의(義)가 아니면 임금의 자리도 사양하였는데 우리의 현실은 너무 자신의 이익만을 위해 사는 살벌한 세상이 되었다. 그래서 부자·형제 사이는 물론 친구 사이에도 어떻게 하면 독식(獨食)하느냐에 혈안이 되어 있으니 부끄러운 일이 아니겠는가?

14. 마음에 욕심이 없으면 성인이 될 수 있다.

作人에 無甚高遠事業이나

擺脫得俗情이면 便入名流하고,

爲學에 無甚增益工夫나

減除得物累면 便超聖境이라.

● 해석(解釋)

사람됨은 어떤 위대한 사업을 이룬 것이 없더라도 속된 생각에서 벗어나면 명류에 끼일 수 있고, 학문을 함에는 많은 공부를 하지 않았더라도 물욕을 제거할 수 있다면 성인의 경지로 넘어갈 수 있다.

● 해설(解說)

꼭 크게 성공하고 돈이 많은 사람만이 명사(名士)는 아니다. 세속에 찌들지 않으면, 즉 지위·부귀를 다투느라 남을 돌보지 않는 일이나,

자신과 자기 가족만을 위하지 않고 남과 더불어 살 줄 아는 사람이면 명사인 것이다. 꼭 공부를 잘 해야만 훌륭한 인물이 아니다. 물욕(物慾)을 떨쳐버리면 누구나 성인(聖人)의 경지에 들어갈 수 있다.

15. 순수한 본마음을 지녀야 한다.

> 교우엔 수대삼분협기요, 작인엔 요존일점소심이라.
> 交友엔 須帶三分俠氣요, 作人엔 要存一點素心이라.

● 해석(解釋)

벗을 사귐에는 모름지기 3분의 의협심을 지녀야 하고, 사람됨에는 요컨대 순수한 마음이 있어야 한다.

● 해설(解說)

친구를 위해 자신을 돌보지 않는 것이 의협심이다. 검군(劍君)은 신라 진평왕 때 사람인데, 어느 해 흉년이 들어 동료들이 궁궐 창고에 있는 곡식을 훔쳐 나누어 가졌다. 검군만이 배당된 곡식을 받지 않자, 동료들은 그를 죽여 비밀을 유지하기로 하였다. 그런 사실을 안 근랑이란 화랑이 피할 것을 권하자 검군은,

"내가 죽을 것을 두려워하여 여러 친구의 죄를 고발하는 짓은 차마 못하겠으며, 내게 잘못이 없는데 도망하는 것은 장부의 할 짓이 아니다."

하고는 마침내 그들이 주는 독주를 마시고 죽었다.

16. 받아서 누림에는 분수를 넘지 말라

> 총리엔 무거인전하고 덕업엔 무락인후하라
> 寵利엔 毋居人前하고 德業엔 毋落人後하라
> 수향엔 무유분외하고 수위엔 무감분중하라
> 受享엔 毋踰分外하고 修爲엔 毋減分中하라.

● 해석(解釋)

　은총과 이익을 얻는 데는 남보다 앞장서지 말고, 덕업을 닦는 데는 남보다 뒤지지 말라. 향수하는 데는 분수를 넘지 말고, 수양하는 데는 분수 이하로 줄이지 말라.

● 해설(解說)

　이익을 위해서 남보다 앞서 뛰어야 하는 우리 현대인에게는 잘 이해되지 않는 대목이다. 조선 세종 때 사람 최치운(崔致雲)이 한 번은 중국에 사신을 갔다 오니 임금이 일을 잘 처리하였다하여 논밭과 노비를 상으로 내렸다. 최치운은 한사코 그걸 사양하고는 술에 취해 집에 돌아왔다. 기분이 좋아 보이는 남편이 이상하여 부인이 무슨 일이 있었느냐고 물었다. 그랬더니, 최치운은 이렇게 대답했다.

17. 남을 이롭게 하는 것이 나를 이롭게 하는 것이다.

> 處世엔 讓一步爲高이니 退步는 卽進步的張本이요,
> 待人엔 寬一分是福이니 利人은 實利己的根基니라.

● 해석(解釋)

　처세함에는 한 걸음 양보하는 것이 고상하니 물러서는 것이 바로 진보할 근본이 되는 것이요. 남을 대우함에는 조금 관대하게 하는 것이 복이 되니, 남을 이롭게 해주는 것이 사실은 자기를 이롭게 하는 바탕이 되는 것이다.

● 해설(解說)

　한 걸음 진보하기 위해 한 걸음 물러설 줄 알아야 한다는 지혜는 오늘날에도 필요하다. 또 남에게 너그럽게 하는 것은 사실 그 사람을 위해서가 아니라 결국은 자신을 위해서인 것이다. 왜냐하면 내가 남에게 잘하면 그 사람도 나에게 해를 끼치지 않을 것이니, 결국 나를 위한 일이 아니겠는가? 이런 이치를 모르고 혹시 남에게 뒤질세라 목전의 이로움에만 급급해서는 안 된다.

18. 큰 공로도 뽐냄으로서 사라지게 된다.

蓋世功勞도 當不得一個矜字요,
(개세공로도 당부득일개긍자요,)
彌天罪過도 當不得一個悔字니라.
(미천죄과도 당부득일개회자니라.)

● 해석(解釋)

　세상을 뒤엎을 만한 공로가 있더라도 '자랑할 긍(矜)'자를 당할 수 없고, 하늘까지 가득한 죄라도 '후회할 회(悔)'자는 당하지 못한다.

● 해설(解說)

　아무리 세상을 뒤흔드는 공을 세웠다 하더라도 스스로 떠벌리고 다니면 공로가 무색해진다. 조선 태조 때 이숙번(李叔蕃)은 제1차 왕자의 난 때 방원(芳遠)을 도와 공신이 되었는데, 그 공을 믿고 안하무인으로 굴어 심지어 재상들까지도 자기 집 하인 다루듯이 하였다. 그의 집이 돈의문 안에 있었는데 드나드는 인마(人馬) 소리가 시끄럽다 하여 돈의문을 마음대로 막아 사람들을 드나들지 못하게 하기도 했다. 이런 교만이 오래 갈 리 없어 마침내 죄를 짓고는 매를 맞고 함양으로 귀양을 갔다. 귀양 생활에서도 그는 자신의 잘못을 반성하기는커녕 사치와 방종을 일삼으며 임금을 원망했다. 세종(世宗)이 용비어천가(龍飛御天歌)를 지으면서 그가 역사적 사실을 잘 안다고 하여 잠시 서울로 불렀는데, 조정에 들어오자 줄지어 서 있는 정승들을 죽 둘러보며, "아무개가 어려서부터 싹수가 있더니, 벌써 정승이 되었구나?" 하는 등 예전 습관을 버리지 못하였다. 일을 마치자 이숙번에게 뇌물을 받은 김돈이란 자가 석방해 줄 것을 청하니 세종은,

"이숙번은 태종 때 공신으로 죄를 지어 귀양 갔으니 내 마음대로 용서할 수 없다."

하고는 다시 함양으로 내려 보냈다.

19. 명예와 절의는 혼자 차지하지 마라.

완명미절은 불의독임이니
完名美節은 不宜獨任이니
분사여인이면 가이원해전신이요,
分些與人이면 可以遠害全身이요,
욕행오명은 불의전추이니
辱行汚名은 不宜全推이니
인사귀기면 가이도광양덕이라.
引些歸己면 可以韜光養德이라.

● 해석(解釋)

완전한 명예와 아름다운 절조는 혼자만 차지해서는 안 되니 조금 나누어서 남을 주면 해를 멀리 해 몸을 보전할 수 있고, 욕된 행실과 더러운 이름은 모두 남에게 미루어서는 안 되고 조금 자기에게 돌리면 빛을 지니고 덕을 기를 수가 있다.

● 해설(解說)

　공로가 될 일은 자기의 것으로 돌리고, 잘못은 남에게 미루려는 것이 사람의 마음이다. 그러나 현명한 상사라면 공로는 부하에게 돌리고 허물은 자신이 뒤집어쓴다. 그렇게 되면 그의 부하들은 그 상사를 위해 신명을 다 바치기 때문이다. 이순신(李舜臣)은 우리가 다 아는 덕장(德將)이다. 그가 여러 차례의 해전에서 승리할 수 있었던 것은 그 혼자의 용맹이 아니라 목숨을 바쳐 싸워준 부하들이 있었기 때문이다. 중국에서 응원군으로 나온 진린(陳璘)은 퍽 시기심이 많고 난폭한 장수였다. 그는 자신의 군사는 전공을 세우지 못하고 이순신의 조선군만이 공을 세우는 것이 부끄러웠다. 그래서 사사건건이 이순신의 잘못을 트집 잡으려 했다. 그러나 이순신은 거기에 말려들지 않았다. 전과(戰果)를 보고할 때면 진린의 군사의 공으로 돌렸으며 진린에게도 깍듯이 대접했다. 그런 결과 이제까지 질시하던 진린은 이순신의 도량에 크게 감동하여 중국 조정에 이순신의 용맹을 알리는가 하면, 이순신이 전사하자 제일 먼저 제문(祭文)을 지어 애도의 뜻을 표했던 것이다.

20. 모든 일에 완벽하기를 바라지 말자.

　　사사류개유여하여　부신적의사면
　　事事留個有餘하여　不盡的意思면
　　변조물이　불능기아하고　귀신도　불능손아하나
　　便造物이　不能忌我하고　鬼神도　不能損我하나

약업필구만하며 공필구영자는
若業必求滿하며 **功必求盈者**는
불생내변하면 필소외우니라.
不生內變하면 **必召外憂**니라.

● 해석(解釋)

  일마다 조금 여유를 남기어 모조리 다하겠다는 뜻을 두지 않으면 조물주가 나를 시기하지 않을 것이요, 귀신도 나를 해치지 못한다. 만약 사업을 반드시 만족스럽게 하고자 하고 공을 반드시 가득 차게 하고자 하는 자는 안에서 변란이 생기지 않으면 반드시 밖의 근심을 부르게 된다.

● 해설(解說)

  매사에 철저하다는 것은 좋은 일이다. 그러나 철저하게 할 일이 따로 있고, 자신의 이익에 관계된 일이면 문제가 달라진다. 약간 모자란 듯할 때 물러서는 것이 옛 사람들의 지혜였다. 이지란(李之蘭)은 본래 여진 사람으로 이성계(李成桂)를 도와 조선 건국에 큰 공을 세운 인물이다. 조선이 건국되자 그는 벼슬에서 물러나 중이 되기로 결심하고 태조에게 상소하기를,

  "임금을 도와 나라를 세웠으니 이제 제 할 일은 다하였습니다. 조정에서 물러나 승려의 길을 걷겠습니다."

  하고는 자신의 상투를 잘라 그 상소문과 함께 올렸다.

  태조는 그의 뜻이 굳음을 알고는 더 이상 만류하지 않았는데, 이

지란은 자신의 신분을 숨기며 사람을 만나지 않고 불도만 닦다가 72세에 생을 마쳤다. 그래서 그와 함께 공을 세웠던 많은 사람들이 후에 참화를 당하는 것과는 달리 명예를 보전할 수 있었다.

21. 즐거운 얼굴, 부드러운 말씨로 가족을 대하라.

가정유개진불하며 일용유종진도라.
家庭有個眞佛하며 日用有種眞道라.
인능성심화기하고 유색완언하여
人能誠心和氣하고 愉色婉言하여
사부모형제간으로 형해양석하고
使父母兄弟間으로 形骸兩釋하고
의기교류하면 승어조식관심만배의라.
意氣交流하면 勝於調息觀心萬倍矣라.

● 해석(解釋)

집안에 참 부처가 있고 일상생활 속에 참다운 도가 있는 법이다. 사람이 정성된 마음과 화평한 기운을 갖고 부드러운 얼굴과 말씨를 지녀서 부모 형제로 하여금 몸과 마음이 편안하게 하고 뜻이 통하게 하면 조식·관심하는 것보다 만 배나 나을 것이다.

● 해설(解説)

　가정은 우리의 안식처일 뿐만 아니라 하루 생활의 발진기지이다. 따라서 집안이 화목하지 않고 원만한 사회생활이 이루어 질 수 없는 것이다. 조선 정조(正祖) 때 학자 이덕무(李德懋)는 그의 수필에서 '부모님이 건강하시고, 약한 아내는 열심히 길쌈을 하고, 어린 아들은 글을 열심히 읽고, 여윈 황소는 묵은 밭을 잘 갈아서 집안 형편이 조금 펴지면 좋은 책을 저술해 후세에 남겼으면 한다' 라고 하였다. 이런 경지야말로 소시민(小市民)이 바라는 조그마한 행복이 아니겠는가?

22. 고요한 가운데에도 힘찬 움직임이 있어야 한다.

好動者는 雲電風燈이요 嗜寂者는 死灰槁木이라.
須定雲止水中에 有鳶飛魚躍氣象하니
纔是有道的心體라.

● 해석(解釋)

　움직이기를 좋아하는 자는 구름에 있는 번개와 바람 앞의 등불 같으며, 고요함을 즐기는 자는 식어버린 재나 마른 나무와 같다. 모름지기 머무른 구름, 잔잔한 물결 위에 소리개가 날고 물고기가 뛰는 기상이 있어야 하니, 이것이 겨우 도(道)의 심체(心體)이다.

● 해설(解說)

매사에 적극적인 사람과 너무 소극적인 사람은 모두 병폐가 있게 마련이다. 적극적이다 보면 평지풍파를 일으키기 쉽고, 그와 반대로 세상일에 전혀 관심을 두지 않는 둔세적(遁世的)인 사람도 답답하기 그지없다. 이 중간쯤 되는 태도가 연비어약(鳶飛魚躍)의 경지일 것이다. 활기에 차면서도 중도(中道)를 벗어나지 않는 그런 기상을 갖기란 그리 쉬운 일은 아닐 것이다.

23. 지나치게 엄하게 꾸짖지 말라.

> 공인지악은 무태엄하고 요사기감수하라.
> 攻人之惡은 毋太嚴하고 要思其堪受하라.
> 교인이선은 무과고하고 당사기가종하라.
> 敎人以善은 毋過高하고 當使其可從하라.

● 해석(解釋)

남의 나쁜 점을 공격함에 있어 너무 엄격해서는 안 되고, 요컨대 그가 감당해 받아들일 수 있는가를 생각해야 한다. 남에게 선(善)을 가르침에 있어 너무 고상한 것을 바라지 말고 그가 행할 수 있게 해야 한다.

● 해설(解說)

　나는 선의(善意)로 남의 잘못을 충고하지만 경우에 따라서는 오해를 받아 서먹서먹한 관계가 되는 것을 본다. 이럴 때에는 너무 곧이 곧대로 하는 것보다는 상대의 기분을 보아가며 둘러서 깨닫게 하는 방법이 효과적이다.

24. 밝음은 어두움에서 비롯된다.

> 분충지예나 변위선이음로어추풍하고,
> 糞蟲至穢나 變爲蟬而飮露於秋風하고,
> 부초무광이나 화위형이요채어하월하니.
> 腐草無光이나 化爲螢而耀采於夏月하니,
> 고지결상자오출하며 명매종회생야니라.
> 固知潔常自汚出하며 明每從晦生也니라.

● 해석(解釋)

　굼벵이는 매우 더럽지만 변하여 매미가 되어서 가을바람에 이슬을 먹고 살며, 썩은 풀은 빛이 없지만 변하여 반딧불이 되어 여름철 빛을 내니 참으로 깨끗한 것은 더러운 것으로부터 나오고, 밝음은 매양 어두운 데서 생김을 알 수 있다.

● 해설(解說)

　굼벵이와 매미는 형태만 바뀌었을 뿐인데 하나는 지극히 더러운 것으로 보이고 하나는 깨끗하고 신선하게 보이는 것은 우리의 관념 탓이다. 연꽃은 더러운 흙탕물 속에서 자라지만 그 꽃은 꽃 가운데서 제일 아름답지 않은가.

25. 객기를 물리쳐야 정기가 자라난다.

> 궁고거오는 무비객기니
> 矜高倨傲는 無非客氣니
> 항복득객기하이후에 정기신하며,
> 降伏得客氣下而後에 正氣伸하며,
> 정욕의식은 진속망심하니
> 情欲意識은 盡屬妄心하니
> 소쇄득망심진이후에 진심현이라.
> 消殺得妄心盡而後에 眞心現이라.

● 해석(解釋)

　뽐내고 거만스러운 것은 모두 객기이니, 그 객기를 항복시켜 끌어내린 후에야 정기가 퍼지며, 정욕은 모두 망령된 마음에 속하니, 감소시켜 망령된 생각이 사라진 후에야 참된 마음이 나타난다.

● 해설(解說)

　자신의 지위와 명성에 도취되어 아무 데서나 뽐내는 것이 객기이다. 맹사성(孟思誠)은 조선 세종 때의 어진 재상이었는데 고향인 온양에 계시는 부모님을 뵈러 다닐 때는 허름한 옷에 소를 타고 혼자 다녔다. 그날도 역시 온양엘 다녀오다 비를 만나 여관에서 피해 가기로 하였다. 여관에는 마침 어떤 영남의 부호가 많은 종을 거느리고 거드름을 피우며 들어 있었다. 그 사람이 초라한 촌 노인 같은 맹사성을 보고 물었다.

"영감은 어디 사시는 누구시오?"

"나는 온양 사는 맹 영감이오."

"심심하니 우리 장난이나 합시다."

"좋지요."

　그래서 공(公)자와 당(堂)자를 넣어 문답을 나누다가 헤어졌다. 알고 보니 그 영남 부호는 벼슬을 얻기 위해 서울로 가는 길이었다. 맹사성이 조정에 들어와 일을 보는데 그 부호를 녹사란 벼슬에 천거하는 서류가 돌아왔다. 마음씨 좋은 맹사성은 그의 버릇없음을 탓하지 않고 그대로 서명을 했는데, 이튿날 들어온 그 사람은 맹사성을 보자 까무러칠 뻔했다.

"어떤 공?"

　맹사성의 장난기 섞인 물음에 그는 물러나 엎드리면서 이렇게 말했다.

"죽어야 마땅하당."

26. 사후의 후회를 사전에 생각하라.

포후에 사미면 즉농담지경이 도소하며,
飽後에 思味면 則濃淡之境이 都消하며,
색후사음하면 즉 남녀지견이 진절이라.
色後思婬하면 則 男女之見이 盡絕이라.
고로 인상이사후지회오로 파림사지치미면
故로 人常以事後之悔悟로 破臨事之癡迷면
즉성정이동무부정이라.
則性定而動無不正이라.

● 해석(解釋)

배가 부른 후에 음식 맛을 생각하면 기름지고 담백한 맛의 구분이 전혀 없게 되고, 정사(情事)를 끝낸 후에 색을 생각해 보면 성욕(性慾)이 싹 가신다. 그러므로 사람은 항상 일을 마친 후의 후회를 가지고 일에 당하여 범할 어리석음을 깨뜨리면 성질이 안정되어 행동이 모두 바르게 된다.

● 해설(解說)

먹는 것과 색은 인간의 본능이지만 너무 지나치면 심신을 해친다. 주지육림(酒池肉林)이란 말이 있는데, 맛좋은 술과 미녀들 사이에서 실컷 즐긴다는 말이다. 그런데 이런 환락이 언제까지 계속 될 수는 없고, 거기에서 벗어났을 때의 허탈감을 미리 염두에 두면 후회하는 일이 적게 되지 않겠는가?

27. 초월하되 등한히 하여서는 안 된다.

居軒冕之中이나 不可無山林的氣味요,
處林泉之下나 須要懷廊廟的經綸이라.

● 해석(解釋)

 높은 벼슬에 있더라도 자연과 더불어 사는 기상과 취미가 없어서는 안 될 것이요, 시골에 묻혀 살더라도 모름지기 조정(朝廷)의 경륜을 품고 있어야 한다.

● 해설(解說)

 벼슬이 높아지면 자칫 번다한 업무에 시달리느라 자연의 생활을 잊고 지내기가 쉽다. 또 벼슬을 마다하고 자연에 묻혀 사는 선비는 세상과 나는 아무 상관이 없다는 듯이 자신만을 깨끗이 지키려고 하기 쉽다. 여기에서 말하는 산림(山林)의 취미란 무엇일까?

 옛날 사람들은 벼슬을 할 만한 입장이 되면 나아가 벼슬을 하여, 자신의 포부와 경륜을 펴다가 환경이 여의치 못하면 언제나 향리로 돌아가 학문과 수양에 힘을 썼다. 조선 효종 때의 미수(眉叟) 허목(許穆)은 50세가 지나도록 벼슬을 하지 않고 향리에서 학문에만 전념하였다. 그러다 나라가 자신을 필요함을 알고는 벼슬에 나아가 마침내 우의정까지 지냈다. 그러다 뜻이 맞지 않자 벼슬을 버리고 고향으로 돌아가 후진을 양성하였다.

28. 과실이 없으면 그것이 성공이다.

> 처세에 불필요공하라 무과면 변시공이라.
> 處世에 不必邀功하라 無過면 便是功이라.
> 여인에 불구감덕하라 무원이면 변시덕이라.
> 與人에 不求感德하라 無怨이면 便是德이라.

● 해석(解釋)

　세상을 살아감에 반드시 공 세우기를 바라지 말라. 허물이 없으면 그것이 바로 공인 것이다. 남에게 베풀 때에는 덕에 감격할 것을 바라지 말라. 원망이 없으면 그것이 바로 덕인 것이다.

● 해설(解說)

　공을 세우기보다는 허물을 짓지 않는 게 낫고, 남에게 무엇을 베풀었다 해서 상대방이 감득하기를 바라서는 안 되니, 자칫하면 은인을 원수로 여기기 때문이다. 조선 선조(宣祖) 때 영의정을 지낸 박순(朴淳)은 불우한 정개청(鄭介淸)을 이끌어 벼슬에 오르게 하였다. 신분이 미천한 정개청으로서는 박순의 배려가 눈물겹도록 고마워 아버지처럼 섬겼다. 그런데 박순이 정변에 몰리어 영의정에서 파직되자 자신에게도 화가 미칠까 두려워 박순을 배반하고 박순을 해친 정여립(鄭汝立) 일당에게 붙어 박순을 모함하는데 앞장섰다가 정여립의 모반 사건이 일어나자 자신도 귀양을 가 죽고 말았다.

29. 청백함도 지나치면 이로울 게 없다.

우근은 시미덕이나 태고즉무이적성이정하고,
憂勤은 是美德이나 太苦則無以適性怡情하고,
담박은 시고풍이나 태고즉무이제인이물이니라.
澹泊은 是高風이나 太枯則無以濟人利物이니라.

● 해석(解釋)

　매사에 근심하고 부지런함은 미덕이긴 하나 너무 고통스러울 정도로 하면 천성에 따라 마음을 기쁘게 할 수 없으며, 담박한 생활은 고상한 기풍이지만 너무 메마를 정도로 하면 사람을 구제하고 이롭게 할 수 없다.

● 해설(解說)

　만사를 걱정하는 것은 실패할 염려가 없어 좋다. 그렇다고 걱정만 해서 일이 해결되는 것은 아니고 오히려 보기에 딱하다. 비가 오면 짚신이 안 팔릴까 걱정하는 것보다 우산이 많이 팔릴 것을 좋아하고, 날이 개면 우산이 안 팔릴 걱정보다는 짚신이 잘 팔릴 것을 기뻐하는 것이 보다 즐거운 삶이 되지 않겠는가? 또 지나치게 고결한 사람에게는 사람들이 따르지 않는다. 적당하게 어수룩한 점을 보여 남들과 스스럼없이 사귀며 사는 것이 세상을 사는데 외롭지 않은 법이다.

30. 일이 막혀 고달플 땐 첫 마음을 생각하라.

사 궁 세 축 지 인 은   당 원 기 초 심 하 고 ,
事窮勢蹙之人은 當原其初心하고,
공 성 행 만 지 사 는   요 관 기 말 로 니 라 .
功成行滿之士는 要觀其末路니라.

● 해석(解釋)

사세(事勢)가 궁하고 불리한 사람은 마땅히 그 처음 일을 시작할 때의 마음을 생각해야 하고, 공을 이루어 크게 성공한 사랑은 그 말로를 생각해야 한다.

● 해설(解說)

정상(頂上)에 올랐던 인물들의 말로를 생각나게 하는 잠언이다. '화무십일홍(花無十日紅)이니, 권불십년(權不十年)'이라는 말은 역사가 증명하는 데도 아직 그 경계를 모르고 날뛰는 사람들이 있으니 한심한 일이다.

고려 인종(仁宗) 때 권신(權臣) 가운데 이자겸(李資謙)이란 인물이 있었다. 그의 누이는 순종(順宗)의 비(妃)였고, 그 연줄로 권력을 잡은 이자겸은 둘째 딸을 예종의 비로, 예종이 죽고 인종이 즉위하자 셋째와 넷째 딸을 인종의 왕비로 바치고 모든 권력을 쥐고 조정을 어지럽혔다. 심지어 자신의 생일을 '인수절(仁壽節)'이라 하여 거국적으로 축하하게 하고 임금이 자기의 뜻에 따르지 않으려 하니 독살까지 하려 했다. 그러나 그의 권력에도 한계가 있어 마침내 왕의 명령을 받은 척준경(拓俊京) 등에게 잡혀 귀양을 가 죽고 말았다.

31. 총명함을 자랑하면 어리석은 병이 깊은 것이다.

富貴家는 宜寬厚어늘 而反忌刻이면
是는 富貴而貧賤其行矣니 如何能享이리오?
聰明人은 宜斂藏이어늘 而反炫耀하면
是는 聰明而愚懵其病矣니 如何不敗리오?

● 해석(解釋)

　부귀한 집안은 마땅히 너그럽고 후해야 하는데 도리어 시기하고 각박하게 한다면 이는 부귀하면서 가난하고 천한 사람의 행실을 하는 것이니 어찌 오래 누릴 수 있겠는가? 총명한 사람은 마땅히 그 재능을 거두어 감추어야 하는데도 도리어 뽐내면 이는 총명하면서 어리석고 몽매한 병통을 지닌 것이니 어찌 실패하지 않겠는가?

● 해설(解說)

  아흔 아홉 가진 사람이 백을 채우기 위해 한 개 가진 사람의 것을 빼앗는 세태이다. 이는 하늘이 준 부귀의 본뜻을 모르는 천박한 행실이다. 총명한 사람은 재주를 믿다가 도리어 실패하여 일생을 불우하게 사는 사람이 많다.

32. 침묵을 겪어 본 후에 말 많음이 시끄러움을 안다.

居卑而後에 知登高之爲危하고
處晦而後에 知向明之太露하며,
守靜而後에 知好動之過勞하고
養黙而後에 知多言之爲躁니라.

● 해석(解釋)

  낮은 곳에 있어 본 연후에야 높은 데 오르는 것이 위태로운 줄을 알고, 어두운 곳에 있어본 연후에야 밝은 곳으로 향하는 것이 너무 드러나는 것을 알게 된다. 고요함을 지켜 본 연후에야 움직이는 것을 좋아함이 너무 수고로운 줄을 알게 되고, 침묵을 지켜 본 후에야 말 많은 것이 시끄러운 줄을 알게 된다.

● 해설(解說)

　높은 곳에 올라 본 연후에야 위태로움을 알 수 있고, 너무 밝은 곳에 나아가면 몸 둘 바를 모르게 된다. 그래도 우리는 누구나 더 높은 곳을 향하여 부지런히 뛰고 있다. 떨어질 때에는 떨어지더라도 우선 오르고 보면 어떻게 되겠지 하는 생각에서이다.

　조선 숙종 때 사람 김수항(金壽恒)의 집안은 벌열(閥閱)하기가 당대 으뜸이었다. 김수항은 영의정을 지냈고, 그의 아들 김창집 역시 영의정을 지냈다. 집안이 이렇게 벌열하자 또 다른 아들인 김창협, 김창흡, 김창업, 김창즙 등은 모두 뛰어난 자질을 갖고도 높은 벼슬에 오르지 않기 위해 갖은 어려움을 겪을 정도였다. 김창협은 숙종이 대제학(大提學)을 제수하자 상소하기를,

　"저희 집안은 대대로 너무 화려한 벼슬을 많이 하여 위태로울 지경입니다."

　하고 사양하였다. 김수항과 김창집은 자제들의 벼슬을 억제하기에 이처럼 힘썼으나 그 두 사람은 마침내 사약을 받고 죽는 비운을 겪었던 것이다.

33. 인의 도덕을 버려야
성인의 경지에 들 수 있다.

> 방득공명부귀지심하라야 변가탈범하고,
> 放得功名富貴之心下라야 便可脫凡하고,
> 방득도덕인의지심하라야 재가입성이니라.
> 放得道德仁義之心下라야 纔可入聖이니라.

● 해석(解釋)

  부귀·공명에 대한 집착을 버린 뒤에야 범속(凡俗)을 벗어나게 되고, 도덕군자와 인의로운 사람이 되겠다는 마음을 버린 후에야 겨우 성인의 경지에 들어갈 수 있다.

● 해설(解說)

  부귀공명이 정당한 방법으로 얻어진 것이라면 천오시(賤惡視)되어서는 안 되며 오히려 존경의 대상이 되어야 한다. 그러려면 우선 거기에 대한 집착이나 자만심을 떨쳐버려 탈속해야 한다. 도덕·인의가 높은 사람도 마찬가지다. 자신의 도덕과 인의가 높다고 자긍해서는 결코 성인의 경지에 들 수가 없는 것이다.

34. 독선적인 생각이 마음을 해친다.

> 이욕은 미진해심이요 의견이 내해심지모적이라.
> 利慾은 未盡害心이요 意見이 乃害心之蟊賊이라.
> 성색이 미필장도요 총명이 내장도지번병이니라.
> 聲色이 未必障道요 聰明이 乃障道之藩屛이니라.

● 해석(解釋)

　이욕이 모두 마음을 해치는 것이 아니요, 독선적(獨善的) 의견이 바로 마음을 해치는 좀이다. 성색이 반드시 도를 가로막는 것이 아니요, 총명이 바로 도를 가로막는 장애물이다.

● 해설(解說)

　이익을 얻고자 하는 욕심이 나쁜 것이 아니라 다만 독단하는 의견이 마음을 해친다. 노래와 미희(美姬)가 도(道)에 방해가 되는 것이 아니라 총명하다고 자부하는 것이 도에 이르는 길을 막는다. 역사를 보면 총명한 사람들이 간신(奸臣)이 되는 예가 허다하다. 중종 때 사람 남곤(南袞)은 젊어서 무척 총명하여 김종직(金宗直)의 문하에서 수업하여 벼슬길에 올랐다. 갑자사화 때 귀양을 가는 등 정도를 지켰으나 벼슬에 너무 집착한 나머지 기묘사화를 일으켜 조광조(趙光祖) 등 신진 사류를 모조리 제거한 후 자신은 영의정이 되었다. 그러나 자신이 저지른 죄악을 잘 아는 남곤은 죽을 무렵 평생 저술을 모두 태우면서,

"이 글을 남겨 후세 사람들에게까지 욕을 먹을 필요는 없다."

라고 하고 죽었는데, 과연 명종이 즉위하자 그의 관작을 모두 삭탈하였다.

35. 어려운 길에서는 한 걸음 물러설 줄 알라.

> 인정은 반복하며 세로는 기구라.
> 人情은 反復하며 世路는 崎嶇라.
> 행불거처엔 수지퇴일보지법하고,
> 行不去處엔 須知退一步之法하고,
> 행득거처엔 무가양삼분지공하라.
> 行得去處엔 務加讓三分之功하라.

● 해석(解釋)

　사람의 마음은 반복무상하며 세상길은 험난하고 기구하다. 행하여 갈 수 없는 곳에는 모름지기 한 걸음 물러서는 법을 알아야 하고, 행하여 갈 만한 곳에서는 삼분(三分)의 공을 사양하기에 힘쓰라.

● 해설(解說)

　오늘의 친구가 내일은 적이 되고, 어제의 원수가 오늘은 한편이 되는 것이 세상이다. 이런 세파를 무사히 건너려면 자신이 손해 보는 '바보 철학'이 필요하다. 남에게 양보해서 눈에 보이는 이익은 줄어들겠지만 적어도 남의 눈총은 받지 않으니 마음이 편안하고 원수

사는 일은 없을 것이다.

36. 엄하게 하기보다 미워하지 않기가 어렵다.

待小人엔 不難於嚴이나 而難於不惡하며,
待君子엔 不難於恭이나 而難於有禮니라.

● 해석(解釋)

소인을 대함에 엄격하게 하기는 어렵지 않으나 미워하지 않기가 어려운 것이며, 군자를 대함에 공손하게 하기는 어렵지 않으나 예의 있게 하기가 어렵다.

● 해설(解說)

소인이란 요즈음 말로 교양을 갖추지 못한 사람이다. 소인을 꾸짖으면 자칫 원수를 지게 마련이어서 함부로 꾸짖어도 안 되고, 더군다나 미워해서도 안 된다. 꾸짖을 만한 가치가 있는 사람은 불쾌하게 여기는 대신 자신의 허물을 반성할 것이다.

세종 때 너그럽기로 유명한 황희(黃喜) 정승이 하루는 공조 판서 김종서(金宗瑞)를 호되게 꾸짖었다. 그날 늦게까지 정승들이 모여 회의를 하는 것을 본 김종서가 약간의 음식을 준비해 들여보낸 것이

발단이었다.

"우리가 배가 고프면 어련히 예빈사(禮賓寺)에 시켜 먹을 터인데 어찌 사사로이 음식을 마련했는가?"

김종서는 잘못했다고 빌고 나왔는데 후에 어떤 사람이 황희에게 물었다.

"김종서도 재상인데 어찌 그런 일로 그처럼 심히 꾸짖으십니까?"

그러나 황희는 정색을 하고 이렇게 말했다.

"김종서는 우리가 죽은 후 나라의 중책을 맡아야 할 인물이오. 그런데 너무 감정적으로 일을 처리하는 버릇이 있어 그걸 진정시켜야 후에 실수가 없을 것 아니겠소?"

황희의 말대로 김종서는 후에 육진(六鎭)을 개척하고 마침내 우의정에 올랐고, 단종을 보호하다가 수양대군(首陽大君)에게 격살 당했다.

37. 우직함을 지키고 총명함을 버려라.

영수혼악하고 이출총명하여
寧守渾噩하고 而黜聰明하여
유사정기환천지하며 영사분하고
留些正氣還天地하며 寧謝紛하고
이감담박하여 유개청명재건곤하라.
而甘澹泊하여 遺個清明在乾坤하라.

● 해석(解釋)

 소박함을 지키고 총명함을 물리침으로써 얼마간의 정기를 남기어 천지로 돌려주고, 화려함을 사양하고 담박함을 달게 여겨 약간의 맑은 이름을 세상에 남겨라.

● 해설(解說)

 총명을 숨기고, 사치를 멀리 하는 것이 옛 사람들의 수양의 기본이었으며 그래야 청렴하다는 이름을 후세에 남길 수 있었다.

 조선 세종 때 우의정을 지낸 유관(柳寬)은 총명이 남달리 뛰어나 일찍 벼슬에 올랐으나 검소에 힘써 청백하기로 유명하였다. 그의 집이 흥인문 밖에 있었는데 어찌나 초라했던지 비가 오면 방안에서 우산을 받아야 했다. 그것만으로도 다행스럽게 여긴 유관이 부인을 보고 말했다.

 "이런 장마에 우산이 없는 사람은 어떻게 지낼까?"

 "그런 집이야 지붕이 새지 않겠지요."

 태종이 그런 사정을 알고 선공감(繕工監)에 명하여 새 집을 지어주었다. 유관은 집에 있을 때면 겨울인데도 맨발에 짚신을 신고 다녔으며, 손님이 찾아가면 탁주 한 동이를 들여 늙은 여자 종을 시켜 사기그릇에 술을 따라 대접했는데도, 그의 청백을 아는 터라 아무도 흉을 보지 않았다.

38. 객기가 사라지면 포악함도 사라진다.

> 降魔者는 先降自心하라. 心伏하면 則君魔退聽이라.
> 馭橫者는 先馭此氣하라 氣平이면 則外橫不侵이라.

● 해석(解釋)

　마귀를 항복시키려는 자는 먼저 자신의 마음을 항복받아야 한다. 마음이 항복하면 마귀 떼들이 물러가 명령을 따를 것이다. 횡포를 제어하려는 자는 먼저 객기를 제어하라. 객기가 평정되면 외부의 횡포가 침범하지 않을 것이다.

● 해설(解說)

　남을 이기려는 자는 먼저 자신을 극복해야 하며, 다른 사람의 횡포를 막으려면 먼저 자신의 횡포한 마음을 눌러야 한다. 사실 가장 두려운 적은 외부로부터의 적이 아니라 자신의 마음속에 있는 적이다. 하루에도 몇 번씩 이성(理性)과 욕망의 치열한 싸움을 겪어야 하는 게 보통의 우리이다.

39. 제자를 가르침은 처녀를 기르는 것과 같다.

> 教弟子는 如養閨女하여 最要嚴出入하고 謹交遊하니
> 若一接近匪人이면 是는 淸淨田中에 下一不淨種子하여
> 便終身難植嘉禾니라.

● 해석(解釋)

  자제를 가르치는 것은 마치 규중처녀를 기르는 것과 같아서 출입을 엄히 하고 교유를 삼가게 하는 것이 가장 중요하다. 만약 한번 좋지 못한 사람과 접근하면 이는 깨끗한 논밭에 좋지 못한 종자 하나를 떨어뜨리는 것과 같아서 생을 마치도록 좋은 곡식을 심기가 어렵다.

● 해설(解說)

  자녀 교육은 예나 지금이나 어렵기는 마찬가지이다. 김유신(金庾信)과 천관녀(天官女)의 애틋한 이야기가 유명하다. 김유신의 어머니 만명 부인은 자녀교육이 매우 엄격하였다. 그래서 함부로 나돌아 다니며 벗을 사귀는 것을 경계하였다. 김유신이 천관녀와 사귀고 있는 사실을 안 만명 부인은 아들을 불러 세우고 꾸짖었다.

  "나는 네가 훌륭한 인물이 되기만을 기대하는데 너는 못된 친구들과 기생방 출입을 하느냐?"

김유신은 어머니께 다시는 천관녀를 만나지 않겠다고 맹세했는데, 하루는 자신이 술에 취해 조는 사이 말이 습관에 따라 천관녀의 집으로 갔다. 김유신은 즉시 말의 목을 베었는데, 천관녀도 곧 죽었다. 후에 김유신은 그녀의 넋을 위로하기 위해 천관사를 지었다 한다.

40. 욕망을 끊고 도리를 찾아야 한다.

欲路上事는 毋樂其便하여 而姑爲染指하라.
_{욕로상사는 무락기편하여 이고위염지하라}

一染指면 便深入萬仞하리라.
_{일염지면 변심입만인하리라}

理路上事는 毋憚其難하여 而稍爲退步하라.
_{이로상사는 무탄기난하여 이초위퇴보하라}

一退步면 便遠隔千山하리라.
_{일퇴보면 변원격천산하리라}

● 해석(解釋)

　정욕(情欲)에 관한 일은 하기 편한 것을 즐겨 하여 물드는 일이 없게 하라. 한번 물들면 천길만길 깊은 곳으로 떨어진다. 도리(道理)에 관한 일은 그것이 어려움을 꺼려서 조금이라도 물러서지 말라. 한번 물러서면 1천 개의 산을 사이에 둔 것처럼 멀어지게 된다.

● 해설(解說)

　욕정을 따르는 일은 매우 달콤하고 부드럽고 짜릿하다. 그러나 한

번 발을 들여 놓으면 쉽게 헤어나기가 어려워 결국 일생을 그르치고 만다. 이성적(理性的)인 생활은 무미건조하고 견디기가 어렵다. 그러나 참고 견디는 가운데 생의 보람을 느낀다.

41. 즐기고 좋아함은 적당해야 한다.

> 염두농자는 자대후하고 대인역후하여 처처개농하며
> 念頭濃者는 自待厚하고 待人亦厚하여 處處皆濃하며
> 염두담자는 자대박하고 대인역박하여 사사개담이라.
> 念頭淡者는 自待薄하고 待人亦薄하여 事事皆淡이라.
> 고로 군자는 거상기호에
> 故로 君子는 居常嗜好에
> 불가태농염하며 역불의태고적이라.
> 不可太濃艶하며 亦不宜太枯寂이라.

● 해석(解釋)

마음이 농후한 사람은 자신에게도 후하고 다른 사람에게 역시 후하여 곳곳에 모두 후하다. 생각이 담담한 자는 자신에게 박하고 남을 대접함 역시 박하여 일마다 모두 담담하다. 그러므로 군자는 보통 때의 기호를 너무 지나칠 정도로 농후하고 아름답게 하는 것도 옳지 않고 역시 너무 메마르고 쓸쓸하게 해서도 안 된다.

● 해설(解說)

마음이 후한 사람은 자신에게도 후하고 남에게도 후하여 남 보기에 좋다. 매일 남을 끌고 다니며 술을 사는 사람은 인기가 있다. 그러나 그게 지나치면 어쩐지 모자란 사람으로 인식되기 쉽다. 또 너무 각박한 사람은 얌체로 통하게 된다. 그러므로 군자는 너무 지나치게 후하거나 각박한 짓은 하지 않고 중도를 지킨다.

42. 사람이 힘을 모으면 하늘을 이긴다.

피부면 아인이요 피작이면 아의라
彼富면 我仁이요 彼爵이면 我義라

군자는 고불위군상소뇌롱이라.
君子는 固不爲君相所牢籠이라.

인정하면 승천하고 지일하면 동기라.
人定하면 勝天하고 志一하면 動氣라.

군자는 역불수조물지도주라.
君子는 亦不受造物之陶鑄라.

● 해석(解釋)

저 사람이 부(富)를 내세우면 나는 인(仁)을 내세우고, 저 사람이 벼슬을 내세우면 나는 의(義)를 내세우면 된다. 군자는 본디 임금이나 재상(宰相)에게 구속당하지 않는다. 사람의 마음이 정해지면 하늘을 이길 수 있고, 뜻이 한결같으면 기(氣)를 움직일 수 있다. 군자는 또 조물주가 만든 틀에 구애받지 않는다.

● 해설(解說)

　부자나 신분 높은 사람에게는 어쩐지 굴리게 마련이다. 괜히 자신이 초라해져 몸놀림이 자연스럽지 못하고 어색하다. 이런 때에 배짱을 부릴 수 있는 것이 그 사람에게 없는 나의 인의(仁義)이다. 그러면 임금이나 재상도 나를 어쩌지 못한다. 수양대군이 단종을 폐위시키자 사육신들이 복위 운동을 전개했다. 이개(李塏)는 평소 수양대군과 친분이 두터웠고 몸이 옷을 이기지 못할 정도로 허약했다. 세조는 어떻게든 옛 친구인 이개만은 살려주고 싶었다.

　"네가 실로 거기에 참여했더라도 다 털어 놓으면 용서하겠다."

　그러나 이개(李塏)는 아무 말도 하지 않고 형을 받았다. 그의 인의는 임금의 위력으로도 어쩌지 못했던 것이다.

43. 세상을 살아감에는 한 걸음 물러서라.

입신에 불고일보립하면 여진리에 진의하며
立身에 不高一步立하면 如塵裡에 振衣하며
니중에 탁족하니 여하초달이리오?
泥中에 濯足하니 如何超達이리오?
처세에 불퇴일보처하면 여비아가 투촉하며
處世에 不退一步處하면 如飛蛾가 投燭하며
저양이 촉번이니 여하안락이리오?
羝羊이 觸藩이니 如何安樂이리오?

● 해석(解釋)

　입신함에 있어 한 걸음 더 높이 세우지 않으면 마치 먼지 속에서 옷을 털고 진흙 속에서 발을 씻는 것과 같으니 어떻게 멀리 뛰어 도달할 수 있겠는가? 처세함에 한 걸음 물러서서 처하지 않으면 마치 불나방이 촛불에 몸을 던지고, 뿔난 양이 울타리를 받음과 같으니 어떻게 편안할 수 있겠는가?

● 해설(解說)

  입신이란 출세이다. 출세에 한 걸음 높이 한다는 뜻은 벼슬의 높이를 말하는 것이 아니라, 그 처신과 마음가짐을 남보다 한 등 높이 가지라는 뜻이다. 처세에 저돌적인 사람은 한 걸음 물러날 줄 모르는 사람으로 촛불에 몸을 던지는 불나방이나 울타리에 뿔이 걸린 양의 꼴이 되기 쉽다.

44. 배우는 사람은 정신을 집중해야 한다.

학자는 요수습정신하여 병귀일로라.
學者는 要收拾精神하여 併歸一路라.
여수덕이류의어사공명예하면 필무실예하며,
如修德而留意於事功名譽하면 必無實詣하며,
독서이기흥어음영풍아하면 정불심심이라.
讀書而寄興於吟咏風雅하면 定不深心이라.

● 해석(解釋)

  학문을 하는 사람은 정신을 가다듬어 모두 한곳으로 집중해야 한다. 만약 덕을 닦으면서 마음을 성공과 명예에 두면 반드시 실제의 성과가 없을 것이며, 책을 읽으면서 시 읊는 것이나 풍류에 흥을 붙이면 참으로 깊이 느끼지 못할 것이다.

● 해설(解說)

학자는 학문에만 전념하여야지 공명에 마음을 쓰면 그의 학문은 알맹이가 없다. 기묘사화(己卯士禍) 때 화를 당한 조광조(趙光祖) 등은 실로 학문과 도의(道義)에 있어 당대의 명사들이었다. 그런 명류(名流)들이었기에 중종(中宗)의 간절한 부름을 입어 사심 없이 오직 나라를 위한 개혁 정치를 폈다. 그러나 그 결과는 자신을 망쳤을 뿐 아니라 전국의 선비들을 화의 그물에 빠뜨리고 말았다. 그 원인은, 중용의 도를 제대로 지키지 못하고 과격을 일삼았기 때문이라고 역사가 평하니, 어찌 조심하지 않을 수 있겠는가?

45. 욕심과 정에 가려지면 지척이 천리가 된다.

人人이 有個大慈悲하니 維摩屠劊가 無二心也며,
處處에 有種眞趣味하니 金屋茅簷이 非兩地也라.
只是欲蔽情封하여 當面錯過하면 使咫尺千里矣라.

● 해석(解釋)

　사람마다 모두 큰 자비심을 갖고 있어 유마거사(維摩居士)와 백정, 망나니의 마음이 둘이 아니며, 곳곳에 참다운 취미가 있어서 호화로운 집과 초가집이 서로 다른 두 곳이 아니다. 다만 욕심에 덮이고 정에 가려지면 눈앞의 일에도 착오가 생겨 지척이 천리가 되게 한다.

● 해설(解說)

　사람마다 선(善)과 악(惡)의 양면성을 갖고 있지만 근본은 모두 선하다. 사람의 목을 자르는 회자수라 하여 어찌 그의 본심이 꼭 잔인해서이겠는가?

46. 탐욕에 집착하면 위기를 당하게 된다.

진 덕 수 도 엔　요 개 목 석 적 염 두 니
進德修道엔 要個木石的念頭니
약 일 유 흔 선 이 면　변 추 욕 경 이 라.
若一有欣羨이면 便趨欲境이라.
제 세 경 방 엔　요 단 운 수 적 취 미 니
濟世經邦엔 要段雲水的趣味니
약 일 유 탐 저 이 면　변 타 위 기 니 라.
若一有貪著이면 便墮危機니라.

● 해석(解釋)

　덕과 도를 닦는 데는 목석과 같은 냉정한 마음을 지녀야 하니, 만일 한번이라도 부러워하는 마음이 있게 되면 문득 욕망의 경지로 치닫게 된다. 세상을 구하고 나라를 다스리는 데는 한 조각구름이나 물과 같이 깨끗한 취미가 있어야 하니, 만일 한번이라도 탐욕이 붙게 되면 문득 위기로 떨어지게 된다.

● 해설(解説)

신라 시대에 달달박박과 노힐부득이 경치 좋은 곳에 나란히 거처를 정하고 수도(修道)를 시작하였다. 그런데 어느 날 밤에 20세쯤 된 아리따운 여인이 두 스님의 암자를 차례로 찾아왔다.

"날이 저물어 하룻밤 쉬어가기를 청합니다."

그러자 달달박박은 수도하는 곳에 여인을 들일 수 없다고 거절하고 노힐부득은 받아 들여 해산(解産) 구완을 해주었다. 그 여인은 두 스님의 도심을 시험하기 위해 내려온 관음보살로 시험에 통과한 노힐부득은 먼저 성불(成佛)하고, 달달박박도 그의 도움을 받아 성불하였다 한다.

47. 악한 자는 웃음소리에도 살기가 있다.

길인은 무론작용안상이요, 즉몽매신혼도 무비화기라.
吉人은 無論作用安祥이요, 即夢寐神魂도 無非和氣라.
흉인은 무론행사낭려요, 즉성음소어도 혼시살기니라.
凶人은 無論行事狼戾요, 即聲音咲語도 渾是殺機니라.

● 해석(解釋)

　선한 사람은 행동이 안락하고 상서로운 것은 물론 잠자는 사이의 정신도 모두 화기에 차 있다. 흉한 사람은 행하는 일이 사나울 뿐만 아니라 말소리, 웃음소리조차도 모두 살기를 띠고 있다.

● 해설(解說)

　길한 사람은 모든 행동과 마음씨가 평화롭고 자상하지만 흉한 사람은 하는 일이 모두 사납고 거칠며 말소리, 웃음소리까지 음흉하여 살기를 머금고 있다. 즉 마음씨와 교양이 그 사람의 언행에 잘 나타난다는 뜻이다.

48. 보이지 않는 곳에서부터 죄 짓지 말아야 한다.

간수병이면 즉목불능시하고,
肝受病이면 則目不能視하고,
신수병이면 즉이불능청하니
腎受病이면 則耳不能聽하니,
병수어인소불견하여 필발어인소공견이라.
病受於人所不見하여 必發於人所共見이라.
고로 군자는 욕무득죄어소소어든 선무득죄어명명하라.
故로 君子는 欲無得罪於昭昭어든 先無得罪於冥冥하라.

● 해석(解釋)

　간에 병이 나면 눈이 보이지 않고, 신장에 병이 나면 귀가 들리지 않으니, 병은 사람이 볼 수 없는 곳에서 생겨 반드시 사람들이 모두 볼 수 있는 곳에 나타난다. 그러므로 군자는 밝은 곳에서 죄를 얻지 않으려면 먼저 어두운 곳에서 죄를 짓지 말아야 한다.

● 해설(解說)

　질병이 처음에는 남이 볼 수 없는 곳에서 발생하여 나중에는 여러 사람이 다 볼 수 있게 되듯이 남이 알 수 있는 죄를 짓지 않으려면 먼저 자신만이 아는 죄를 짓지 말아야 한다. 사지(四知)란 말이 있다. 중국 후한 때 양진(楊震)은 청렴한 관리였다. 그가 고을에 부임하자 어떤 사람이 금 10근을 가져와 바치면서 아무도 모르니 받아두라고 하였다. 양진은 그걸 돌려주면서, "왜 아는 사람이 없다고 하는가? 내가 알고 그대가 알고 하늘이 알고 땅이 안다."라고 하였다.

49. 마음 쓸 일 많은 것이 가장 큰 재앙이다.

복 막 복 어 소 사 하고　화 막 화 어 다 심 이 니,
福莫福於少事하고 禍莫禍於多心이니,
유 고 사 자 라야　방 지 소 사 지 위 복 이요,
唯苦事者라야 方知少事之爲福이요,
유 평 심 자 라야　시 지 다 심 지 위 화 니라.
唯平心者라야 始知多心之爲禍니라.

● 해석(解釋)

  복은 일이 적은 복보다 더한 것이 없고, 화는 마음을 많이 쓰는 화보다 더한 것이 없다. 일에 시달려 본 사람이라야 바야흐로 일 적음이 복임을 알게 되고, 마음이 평안한 자라야만 비로소 마음 많이 쓰는 것이 화가 됨을 알 수 있다.

● 해설(解説)

  현대인에게는 역설적인 말로 들리기 쉬운 내용이다. 일을 적게 하는 것이 복이요, 마음을 많이 쓰는 것이 화가 되는 말은 얼른 이해되지 않는다. 그러나 억지로 일을 많이 만들어 분주하고, 매사에 고심하는 것도 복은 아닐 것이다. 평화로운 마음으로 열심히 일하고 많이 생각하고, 적당한 휴식을 취하되 괜스러운 일은 떨쳐버리라는 교훈일 것이다.

50. 난세에는 원만히 살아가야 한다.

處治世엔 宜方하고 處亂世엔 宜圓하며
處叔季之世엔 當方圓並用이라.
待善人엔 宜寬하고 待惡人엔 宜嚴하며
待庸衆之人엔 當寬嚴互存이라.

● 해석(解釋)

　정치가 잘 행해지는 세상에 처해서는 방정해야 하고, 어지러운 세상에 처해서는 원만해야 하며, 말세에는 방정함과 원만함을 함께 써야 한다. 선한 사람을 대할 때는 너그럽게 해야 하고, 악한 사람을 대할 때는 엄격해야 하며, 평범한 사람을 대할 때는 너그러움과 엄격함을 함께 지녀야 한다.

● 해설(解說)

　방정(方正)이란 원만과 대립되는 말로 모나고 바르다는 뜻이다. 좋은 정치가 이루어지는 세상에서는 자신의 의견이나 행동을 분명하고 모나게 나타내어도 아무 탈이 없다. 그러나 어지러운 세상에서는 둥글둥글 모나지 않게 사는 게 지혜이며, 보통의 시대에는 두 가지를 함께 해야 한다. 우리가 사는 시대는 과연 어떻게 해야 할지 생각해 봄직하다.

51. 은혜는 기억하되 원한은 잊어라.

아유공어인은 불가념이나 이과즉불가불염이요,
我有功於人은 不可念이나 而過則不可不念이요,
인유은어아는 불가망이나 이원즉불가불망이라.
人有恩於我는 不可忘이나 而怨則不可不忘이라.

● 해석(解釋)

　내가 다른 사람에게 베푼 공은 마음에 두어서는 안 되나, 허물은 마음에 두지 않아서는 안 되고, 다른 사람이 나에게 베푼 은혜는 잊어서는 안 되나, 원망은 잊지 않아서는 안 된다.

● 해설(解說)

　내가 남에게 실수한 일은 잊어서는 안 되고, 남에게 받은 원한은 잊어야 한다. 조선 영조(英祖) 때 암행어사로 유명한 박문수(朴文秀)는 조태채(趙泰采) 집안과 당이 달라 원수처럼 여기는 사이였다. 그래서 대궐에서 회식이 있을 때면 꼭 콩나물 대가리를 손으로 떼어 먹으면서 "콩나물은 대가리를 떼고 먹어야 한다." 하였으니 채태는 바로 콩나물의 한자 표기로 조태채의 머리를 베겠다는 뜻을 암시한 말이다. 그런데 조태채의 아들 조관빈이 죄에 걸려 극형을 받게 되었다. 박문수는 임금에게 "조관빈의 죄가 비록 무겁다 하나 극형에는 해당되지 않습니다." 하니 임금은 의아하다는 듯이 물었다.

　"조관빈은 그대 집안과 원수 사이가 아닌가?"

　그러자 박문수는 이렇게 말했다.

　"성상께서 저의 집안 원수를 갚아 주시려면 그를 죽이십시오. 그러나 사사로운 원수와 나라의 죄와는 구별이 되니 어찌 죽을죄가 아닌 줄 알고도 그가 죽는 것을 보고 있겠습니까?"

　그래서 조관빈은 살아날 수가 있었다.

52. 베풀되 의식하지 마라.

施恩者 內不見己하고 外不見人하면
則斗粟도 可當萬鐘之惠라.
利物者 計己之施하고 責人之報하면
雖百鎰이라도 難成一文之功이라.

● 해석(解釋)

　은혜를 베푸는 자가 안으로는 자기를 보지 않고 밖으로는 남이 보이지 않으면 한 말의 곡식을 주어도 수만 섬의 곡식을 준 은혜에 해당할 것이다. 남에게 물질의 이로움을 주는 자가 자기가 남에게 베푼다는 생각을 갖고 갚기를 바란다면 비록 수천 냥을 주더라도 한 푼을 주는 공도 이루기가 어렵다.

● 해설(解說)

　조건 없이 남에게 베풀면 하찮은 것이라도 은혜가 된다. 그러나 어떤 계산을 하고 보답을 바라서 하는 베풂은 비록 많은 돈을 주더라도 한 푼의 공도 되지 않는다. 베풂 가운데서 가장 값있는 것은 몰래 베푸는 음덕(陰德)이다. 인조(仁祖) 때 영의정을 지낸 홍서봉(洪瑞鳳)은 어려서 집안이 무척 가난하여 채소 국도 제대로 먹지 못하고 굶을 때가 많았다. 하루아침은 그의 어머니가 여종을 시켜 생선을 사오게 하였는데, 생선이 상하여 식중독을 일으킬 것 같았다. 그의 어머니가 여종에게 물었다.

"이런 생선이 얼마나 있더냐?"

그리고는 꽂고 있던 비녀를 뽑아 여종에게 주면서 남아 있는 생선을 모조리 사다 묻게 하였다. 다른 사람이 모르고 사다 먹으면 탈이 날까 염려해서였다. 홍서봉은 그런 어머니의 행동에 감탄하였다.

"어머니의 저런 마음씨는 하늘도 감동할 것이니, 우리 집안이 번성하지 않을 수 있겠는가?"

53. 서로의 입장을 비교하며 균형을 잡아라.

인지제우는 유제유부제어늘 이능사기독제호아?
人之際遇는 有齊有不齊어늘 而能使己獨齊乎아?
기지정리도 유순유불순이어늘 이능사인개순호아?
己之情理도 有順有不順이어늘 而能使人皆順乎아?
이차상관대치면 역시일방편법문이라.
以此相觀對治면 亦是一方便法門이라.

● 해석(解釋)

사람들이 세상을 만남은 갖출 것을 다 갖춘 사람도 있고 다 갖추지 못한 사람도 있는데, 자기 홀로만 다 갖추기를 바라서야 되겠는가? 자신의 마음도 순탄할 때가 있고 순탄하지 못할 때가 있는데 남들은 다 순탄하기를 바라겠는가? 이것을 서로 대조하여 다스려 나가는 것도 하나의 편리한 방편이 될 것이다.

● 해설(解說)

　세상은 고르지 못하여 잘 사는 사람, 못사는 사람이 있게 마련이며, 잘난 사람 못난 사람이 섞여 살게 마련이다. 그런데 유독 자신만 잘나고 잘 살기를 바라겠는가? 자신의 마음도 순할 때도 있고 순하지 못할 때도 있는데 남들 보고만 항상 순한 마음을 가지라고 할 수는 없다. 상대방의 기분을 이해하여 너무 탓하지 말아야 한다.

54. 책은 깨끗한 마음으로 읽어야 한다.

심지건정이라야　방가독서학고라.
心地乾淨이라야　方可讀書學古라.
불연이면　견일선행에　절이제사하고
不然이면　見一善行에　竊以濟私하고
문일선언에　가이복단이라니.
聞一善言에　假以覆短이라니,
시는　우자구병이재도량이라.
是는　又藉寇兵而齎盜糧이라.

● 해석(解釋)

　마음이 맑아야만 비로소 책을 읽어 옛 것을 배울 수가 있다. 그렇지 못하면 옛 사람의 한 가지 착한 행실을 보면 그것을 훔쳐 자신의 욕심을 채우고, 한 가지 착한 말을 들으면, 그것을 빌어 자기의 단점을 덮으려 할 것이니, 이는 바로 적에게 무기를 주고 도둑에게 양심을 대주는 격이다.

● 해설(解說)

조용한 마음으로 책을 읽어야 옛 현인들을 배울 수 있다. 그렇지 않으면 독서로 얻은 지식으로 자신을 이롭게 하는 무기를 삼고, 착한 행실을 듣고는 그걸 자신의 단점을 덮는데 이용한다. 이런 것은 독서가 한갓 욕심을 채우고 단점을 돕는 도구에 불과한 것이다.

55. 사치하는 사람은 부유해도 항상 부족하다.

사자는 부이부족하나니 하여검자의 빈이유여리오.
奢者는 富而不足하나니 何如儉者의 貧而有餘리오.
능자는 노이부원하나니 하여졸자의 일이전진이리오?
能者는 勞而府怨하나니 何如拙者의 逸而全眞이리오?

● 해석(解釋)

사치스런 사람은 부를 누리면서도 만족할 줄을 모르니 어찌 검소한 사람의 가난하지만 여유 있는 것과 같겠는가. 능력 있는 자는 수고로움이 많으나 원망을 쌓으니 어찌 능력 없는 사람의 편안하면서도 천성을 온전히 하는 것만 같겠는가?

● 해설(解説)

　사치스러운 사람은 만족을 모르니, 검소하게 사는 사람이 가난을 만족하게 여기며 사는 것만도 못하다. 우리나라 선비들은 가난을 미덕으로 알고 살아왔다. 우리가 지금 생각해 보면 마땅치 못한 생활 철학 가운데 하나이다. 아정(雅亭) 이덕무(李德懋)와 혜풍(蕙風) 유득공(柳得恭)은 정조 시대 사검서(四檢書)로 문명이 당대에 높았다. 둘이 만나면 자주 술을 마셨는데, 하루는 돈이 떨어지자 유득공이 집에 있던 《맹자(孟子)》한 질을 팔아 술집으로 갔다. 그렇게 산 술을 다 마신 유득공은,

　"《맹자》한 질을 이제야 뱃속에 넣었군." 하였다. 다음번에는 이덕무가 소장하고 있던 책을 판 것은 물론이다. 그의 일기 한 토막을 소개한다.

　"내 작은 초가가 너무 추워 입김이 서려 성애가 되어 이불깃에서 와삭와삭 소리가 난다. 밤중에 일어나 책을 펴 이불 위에 죽 덮어 추위를 막았으니 망정이지 그렇지 않았으면 얼어 죽었을 것이다."

56. 책을 읽되 깨닫지 못하면 글의 노예일 뿐이다.

독서하되 불견성현하면 위연참용이요,
讀書하되 不見聖賢하면 爲鉛槧庸이요,
거관하되 불애자민하면 위의관도라.
居官하되 不愛子民하면 爲衣冠盜라.

강학하되 불상궁행이면 위구두선이요.
講學하되 **不尙躬行**이면 **爲口頭禪**이요,
입업하되 불사종덕하면 위안전화라.
立業하되 **不思種德**하면 **爲眼前花**라.

● 해석(解釋)

　책을 읽으면서 성현을 보지 못하면 책의 노예가 되고, 벼슬에 있으면서 백성을 사랑하지 않으면 의관을 갖춘 도둑이 된다. 학문을 가르치면서 몸소 실천함을 숭상하지 않으면 구두선이 되고, 사업을 하면서 은덕 베풀기를 생각하지 않으면 금방 시드는 꽃이 된다.

● 해설(解說)

　벼슬이란 자신의 부귀를 채우기 위해 있는 것이 아니요, 백성을 돌보기 위해 있는 것이며, 사업을 해서 돈을 버는 것은 만인을 구제하기 위해서이지 일신의 영화를 위해서가 아니라는 것이다.

　조선 정조 때 제주도에 큰 흉년이 들었다. 이때 빈민들을 구제한 것은 조정이나 제주 목사가 아니라 미천한 기녀 출신의 만덕이란 여인이었다. 그녀는 어려서 기적(妓籍)에 들어 돈을 모은 후 무서운 가난을 다시는 겪지 않기 위해 악착스레 돈을 벌었다. 그런데 막상 많은 돈을 모으고 보니 그 돈은 자신을 위해 있는 돈이 아님을 알았다. 그래서 흔연히 그 돈과 곡식을 내어 놓았던 것이다. 나라에서는 그녀의 가상한 마음을 위로하기 위해 소원대로 궁궐로 초대하고, 금강산 구경을 시켜주었다.

57. 참된 진리는 마음속에 있다.

> 인심에 유일부진문장이로되
> **人心에 有一部眞文章이로되**
> 도피잔편단간봉고료하며 유일부진고취로되
> **都被殘編斷簡封錮了하며 有一部眞鼓吹로되**
> 도피요가염무인몰료하니 학자는 수소제외물하고
> **都被妖歌艷舞湮沒了하니 學者는 須掃除外物하고**
> 직멱본래하여 재유개진수용하라.
> **直覓本來하여 纔有個眞受用하라.**

● 해석(解釋)

　사람의 마음속에는 한 편의 참다운 문장이 있지만 모두 옛사람이 남긴 조각 글에 구애받고, 한 곡조의 참다운 음악이 있지만 모두 요염한 가문에 인멸됨을 입는다. 그러므로 배우는 사람은 모름지기 외물을 쓸어버리고 곧바로 본래의 것을 찾아야만 겨우 참된 것을 받아들이게 된다.

● 해설(解說)

　사람에게는 문장, 음악에 대한 소질이 있어 참다운 문장, 음악에 접근할 수 있는데, 기존의 이론에 이끌려 거기에 접근할 수 없다. 책은 하나의 길잡이이니 거기에 매달릴 필요는 없다.

58. 항상 반대의 상황에 대비하라.

고심중에　상득열심지취하고
苦心中에 常得悅心之趣하고
득의시에　변생실의지비니라.
得意時에 便生失意之悲니라.

● 해석(解釋)

　마음이 괴로울 때에는 항상 마음을 기쁘게 하는 멋을 가져야 하고, 득의할 때에는 문득 실의의 슬픔이 생기게 마련이다.

● 해설(解説)

　고진감래(苦盡甘來), 흥진비래(興盡悲來)란 세상살이의 평범한 진리이다. 이런 이치를 깨달으면 괴로울 때 즐거운 희망을 가질 수 있고, 너무 일이 순조롭게 되는 때에는 앞날을 예비하여 삼가고 두려워 할 줄 알아야 한다.

59. 부도덕한 부귀와 명예는 오래가지 못한다.

부귀명예가　자도덕래자는
富貴名譽가 自道德來者는
여산림중화하여　자시서서번연하고,
如山林中花하여 自是舒徐繁衍하고,

83

自功業來者는 如盆檻中花하여 便有遷徙廢興하며,
若以權力得者는 如甁鉢中花하여
其根을 不植이니 其萎를 可立而待矣라.

● 해석(解釋)

　부귀, 명예가 도덕으로부터 얻어진 것은 산 속에 핀 꽃과 같아 저절로 천천히 무성해지고, 공업에서 온 것은 마치 화분의 꽃과 같아 문득 옮겨져서 흥하고 폐함이 있으며, 만약 권력으로부터 얻어진다면 마치 화병 속의 꽃과 같아 뿌리를 심은 것이 아니니, 그 시드는 것은 서서도 기다릴 수 있다.

● 해설(解說)

　정의로운 재산, 노력에 의해 얻은 지위는 오래도록 보전할 수가 있다. 그러나 권력에 의해 강점한 부나 정당하지 못한 방법으로 일확천금한 재산은 오래 지탱하지 못한다. 그것은 마치 꽃병에 꽂은 꽃처럼 뿌리가 없기 때문이다.

60. 베풀지 않는 백년 살이 하루살이만 못하다.

春至時和하면 花尙鋪一段好色하고 鳥且轉幾句好音하니
士君子가 幸列頭角하고 復遇溫飽하여
不思立好言行好事하면
雖是在世百年이라도 恰似未生一日이라.

● 해석(解釋)

　봄이 와서 시절이 화창해지면 꽃들도 오히려 한층 아름다운 색깔을 펴고, 새들도 몇 곡조 아름다운 노래를 지저귄다. 사군자가 다행히 두각을 드러내고 거기다가 따뜻이 입고 배불리 먹으면서 좋은 말을 하고 좋은 일을 행하기를 생각하지 않는다면 이는 비록 1백년을 살더라도 하루도 사는 것이 아님과 같다.

● 해설(解說)

　좋은 세상을 만나 자신의 포부를 펴기 위해 벼슬하고 배불리 먹고 따뜻이 입는 것은 참으로 좋은 일이다. 또 거기에서 그치지 말고 사회의 지도 계층인 사군자는 좋은 본보기를 보여 사회를 이끌어야 할 의무가 있다. 그런데 지위와 권력을 이용하여 자신만이 배부르고 따뜻하기를 구하면 이는 1백년을 살아도 하루 사는 것만큼의 가치도 없는 인생이다.

61. 지나친 엄함과 결백은 생명력이 없다.

學者는 要有段兢業的心思하고 又要有段瀟灑的趣味라.
若一味斂束淸苦하면 是는 有秋殺無春生이니
何以發育萬物이리오?

● 해석(解釋)

배우는 사람은 일단 일을 부지런히 처리하는 마음을 지녀야 하고, 또 맑고 시원한 취미를 지녀야 한다. 만약 한결같이 규칙만 따라 청고하면 이는 가을의 살기(殺氣)만 있고 봄의 생기(生氣)가 없는 것이니 무엇으로 만물을 발육시키겠는가?

● 해설(解說)

학문을 하는 사람은 다른 사람들의 사표(師表)가 되어야 하는 만큼 항상 처신에 조심하여야 한다. 그렇다고 해서 소탈하고 맑은 취향을 기르지 않으면 기상이 답답해질 것이니 이에 조심하지 않으면 안 된다.

62. 참으로 큰 재주는
별다른 재주가 없는 것이다.

> 진렴은 무렴명이니 입명자는 정소이위탐이요,
> **眞廉**은 **無廉名**이니 **立名者**는 **正所以爲貪**이요,
> 대교는 무교술이니 용술자는 내소이위졸이라.
> **大巧**는 **無巧術**이니 **用術者**는 **乃所以爲拙**이라.

● 해석(解釋)

　참된 청렴에는 청렴하다는 이름이 없고, 청렴하다는 이름을 얻고자 하는 자는 탐욕스럽기 때문이며, 큰 기교가 있는 사람은 교묘한 술책을 부리지 않으니, 술책을 부리는 자는 못났기 때문이다.

● 해설(解說)

　참으로 청렴한 사람은 남이 그의 청렴을 모르게 해야 한다. 세상에 첨렴하다는 이름이 떠들썩하게 알려진 사람들은 청렴하다는 이름을 탐해서 청렴한 척한 사람이 많다.

　조선 중종 때 학자인 김안국(金安國)은 청렴하기로 유명했다. 그가 고양(高陽)에 물러나 있는데 한번은 그의 동생 김정국(金正國)이 찾아왔다. 둘이 서로 환담을 하고 있는데 어떤 사람이 수박을 가지고 와서 바치니, 김안국은 얼른 받고는 장부에 그 사람이 이름과 물명을 적는 것이었다. 깜짝 놀란 김정국이 물었다.

　"그까짓 하찮은 물건을 받아 뭐하시려고 청렴한 이름을 더럽히십

니까?"

그러자 김안국은 웃으면서 이렇게 말했다.

"순박한 시골 노인의 정성을 내 청렴을 위해 거절하겠는가?"

"받으셨으면 되지 장부에 기록까지 할 필요는 없지 않습니까?"

"책에 기록해 두지 않으면 잊기가 쉽네. 남의 은혜를 잊는 것도 도리가 아니지 않겠나?"

63. 군자는 모자라는 곳에 머문다.

> 기기는 이만복하고 박만은 이공전이라.
> 敧器는 異滿覆하고 撲滿은 以空全이라.
> 고로 군자는 영거무이언정 불거유하며
> 故로 君子는 寧居無이언정 不居有하며
> 영처결이언정 불처완이라.
> 寧處缺이언정 不處完이라.

● 해석(解釋)

기기는 가득 차게 되면 넘어지고 박만은 속이 비어 있으면 온전하다. 그러므로 군자는 차라리 무(無)의 경지에 처할지언정 유(有)의 경지에 처하지 않으며, 차라리 모자라는 경지에 처할지언정 완전한 곳에 처하지 않는다.

● 해설(解說)

　무소유(無所有)가 참다운 소유이며 완전한 행복보다는 조금 아쉬운 듯한 행복이 값지다.

64. 마음의 청렴 없는 외적인 청렴은 무의미하다.

> 명근미발자는 종경천승감일표라도 총타진정이요.
> 名根未拔者는 縱輕千乘甘一瓢라도 總墮塵情이요.
> 객기미융자는 수택사해리만세라도 종위잉기니라.
> 客氣未融者는 雖澤四海利萬世라도 終爲剩技니라.

● 해석(解釋)

　명예에 대한 뿌리를 뽑아버리지 못한 사람은 비록 임금의 자리를 가볍게 여기고 한 표주박의 음식을 달게 여기더라도 속세의 욕망에 빠진 것이며, 객기를 없애지 못한 자는 비록 세상에 은택을 주고 만세에 이로움을 주더라도 마침내는 여기(餘氣)가 되고 만다.

● 해설(解說)

　명예를 얻겠다는 마음의 뿌리를 뽑지 않으면 제왕(帝王)의 지위를 가볍게 여기더라도 속된 마음을 벗어날 수 없다.
　양녕대군(讓寧大君)은 세자의 지위를 동생 충녕대군(忠寧大君)에게 양보한 지극한 겸양의 덕이 역사에 기록되고 있다. 그러나 양녕대군도 속세의 마음은 떨쳐 버리지 못하였다. 후에 단종(端宗)을 폐위시킬 때 이런 상소를 올렸다.

"지난번 사육신의 난에 단종이 깊이 관계하였으니, 처형하여야 합니다."

65. 마음이 밝으면 어둠 속에도 빛을 본다.

心體光明하면 暗室中에 有靑天이요
念頭暗昧하면 白日下에 生厲鬼니라.

● 해석(解釋)

마음이 광명정대하면 캄캄한 방 가운데에도 푸른 하늘이 있고, 생각이 캄캄하면 밝은 낮에도 악귀가 나타난다.

● 해설(解說)

내 마음이 광명정대하면 세상에 두려울 것이 없다. 내가 자신에 부끄러움이 없으니 세상을 뒤덮을 만한 부귀, 권력에도 굴하지 않을 수가 있는 것이다. 그렇지 못하고 마음에 어두운 그늘이 있으면 사물이 거기에 따라 모두 우울하게 보이고, 어쩐지 자신이 떳떳하지 못하여 밝은 태양을 두려워한다.

66. 가장 큰 근심은 마음의 근심이다.

> 인지명위위락하고 부지무명무위지락위최진하며,
> **人知名位爲樂하고 不知無名無位之樂爲最眞하며,**
> 인지기한위우하고 부지불기불한지우위갱심이라.
> **人知饑寒爲憂하고 不知不饑不寒之憂爲更甚이라.**

● 해석(解釋)

사람들은 명예와 지위가 즐거운 것인 줄만 알고, 명예와 지위가 없는 즐거움이 가장 참된 즐거움인 줄을 모른다. 사람들은 굶주리고 추위에 떠는 것을 걱정할 줄만 알고, 굶주림과 추위에 떨지 않는 근심이 더욱 심함을 모른다.

● 해설(解說)

남포(南褒)는 중종 때 권신으로 유명한 남곤(南袞)의 동생이었다. 그는 형이 권력에 눈이 어두워 날뛰는 것을 보다 못하여 거짓 눈이 멀었다 핑계하고는 벼슬에서 물러나 무명옷과 해진 갓을 쓰고 전국 산천을 유람하며 일생을 마쳐 형은 더러운 이름을 남긴 반면 그는 깨끗한 이름을 역사에 남겼다.

67. 악행을 하고 두려워함은 선해질 가망이 있다.

_{위악이외인지는 악중에 유유선로요,}
爲惡而畏人知는 惡中에 猶有善路요,
_{위선이급인지는 선처즉시악근이라.}
爲善而急人知는 善處卽是惡根이라.

● 해석(解釋)

  악을 행하고 나서 사람들이 알까 두려워하는 것은 악한 가운데도 오히려 선한 마음이 있기 때문이요, 선한 일을 행하고서 사람들이 빨리 알아주었으면 하는 마음이 급한 것은 선을 행하는 것이 바로 악의 근원이기 때문이다.

● 해설(解說)

  남이 알아주기 위해 선한 일을 하는 것은 아니지만 알아주었으면 하는 것이 보통 사람의 마음이다.
  중국 춘추 시대 초(楚) 나라의 대부(大夫)에 손숙오(孫叔敖)란 인물이 있었는데 그가 어려서의 일이었다. 하루는 울면서 돌아온 아들을 보고 그의 어머니가 까닭을 묻자, 손숙오는 이렇게 말하였다.
  "제가 오늘 머리 둘 달린 뱀을 보았습니다. 그 뱀을 보면 곧 죽는다고 하기에 울었습니다."
  "그래, 그 뱀을 어떻게 했느냐?"
  "저야 이미 보았으니 할 수 없지만 남이 보고 저와 같은 불행을 당하지 않게 하기 위해 죽여서 묻었습니다."

그 말을 듣자, 어머니는 아들의 등을 두드리며 말했다.

"너는 죽지 않을 테니 걱정하지 말거라. 남을 위해 그런 훌륭한 일을 하였는데 하늘이 어찌 불행을 내리겠느냐?"

68. 군자는 변화되는 상황에 초연하다.

천지기함은 불측하여 억이신하고 신이억하니
天地機緘은 不測하여 抑而伸하고 伸而抑하니
개시파롱영웅하고 전도호걸처라.
皆是播弄英雄하고 顚倒豪傑處라.
군자는 지시역래순수하고 거안사위하니
君子는 只是逆來順受하고 居安思危하니
천역무소용기기량의라.
天亦無所用其技倆矣라.

● 해석(解釋)

하늘의 기밀(機密)은 헤아리기가 어려워서 억제하였다가 신장시키기도 하고, 신장시켰다가 억제하기도 하니, 모두 영웅을 조롱하고 호걸을 넘어뜨리는 것이다. 군자는 다만 거슬리는 운명이 와도 순리로 받아들이고 편안하게 있을 때에 위태로울 때를 생각하니, 하늘 역시 그런 기량을 사용하지 못한다.

● 해설(解說)

　하늘은 너무 지나치면 억제했다가 다시 펴주는가 하면, 영웅호걸을 내었다가 곧 패망시키는 등 걷잡을 수가 없다. 그런 뜻을 알고 하늘의 뜻에 따르는 것이 인생이다. 연산군 때 대제학을 지낸 홍귀달(洪貴達)은 처음 함양(咸陽)의 병사였다. 그러다 과거를 보아 이조판서를 거쳐 대제학(大提學)을 지냈다. 성품이 강직하여 평소 연산군의 비위를 많이 건드렸는데, 그의 손녀를 세자빈(世子嬪)으로 들이라는 명을 거역하고 귀양을 가 사약을 받았다. 그는 집안 식구와 작별하면서 이렇게 말했다.

　"다 하늘의 뜻이다. 내가 함양의 일개 병졸로 재상까지 되었으니 부귀는 본래 내 소유가 아니었다."

69. 여유와 너그러움 속에 복이 있다.

조성자는 화치하여 우물즉분하고
燥性者는 火熾하여 遇物則焚하고
과은자는 빙청하여 봉물필살하며
寡恩者는 冰淸하여 逢物必殺하며
응체고집자는 여사수부목하여 생기이절하니
凝滯固執者는 如死水腐木하여 生機已絕하니
구난건공업이연복지니라.
俱難建功業而延福祉니라.

● 해석(解釋)

 성질이 조급한 자는 타는 불꽃같아서 만나는 것마다 불태우고, 은혜가 적은 사람은 너무 얼음처럼 맑아서 만나는 것마다 반드시 죽이고 말며, 꼭 막혀 고집이 센 자는 고인 물이나 썩은 나무 같아서 생기가 이미 끊어져 모두 공업을 세우고 복을 맞아들이기가 어렵다.

● 해설(解說)

 여기에 열거된 사람은 모두 수양이 부족한 사람들이다. 옛날 선비들은 조급하게 구는 것을 막기 위해 방울을 차고 다녔다 한다. 생각을 적게 한 사람은 남을 이롭게 함이 없고, 고집이 세고 꼭 막힌 사람은 마치 썩은 나무나 물과 같이 생기가 전혀 없어 공로를 세우지도 못하고 복도 받지 못한다.

70. 행복은 억지로 구할 수 없는 것이다.

> 복불가요니 양희신하여 이위소복지본이이요.
> 福不可徼니 養喜神하여 以爲召福之本而已요,
> 화불가피니 거살기하여 이위원화지방이이니라.
> 禍不可避니 去殺機하여 以爲遠禍之方而已니라.

● 해석(解釋)

 복은 억지로 구해서는 안 되니, 즐거운 마음을 함양하여 복을 부르는 근본을 삼아야 할 뿐이며, 화는 피해서는 안 되고 살기를 제거하여 화를 멀리하는 방편을 삼아야 할 뿐이다.

● 해설(解說)

　복은 구한다고 해서 되는 것이 아니요, 덕을 쌓아야 하며, 닥쳐오는 화를 피하려 애쓸 것이 아니라 살리기를 좋아하는 마음을 가져야 한다.

　연산군 때 사람 이인(李麟)이 박팽년의 딸에게 장가드는 첫날밤이었다. 꿈에 한 노인이 나타났다.

　"공은 어서 일어나 내 여덟 아들을 살려 주십시오. 지금 내 아들들이 끓는 물속에 들어가고 있습니다."

　이인은 이상한 생각이 들어 아내를 깨워 부엌으로 나가보게 하니, 방금 자라 여덟 마리를 끓이려는 중이었다. 깜짝 놀란 이인은 아내와 함께 그 자라를 가져다 강물에 방생하였다. 이튿날 밤 꿈에 다시 그 노인이 나타나,

　"고맙습니다. 공의 후한 덕은 꼭 보상을 받을 것입니다."

　하고는 사라졌다. 과연 이인은 훌륭한 아들 여덟을 두었는데 모두 물에 사는 동물로 이름을 붙였다.

　이와 반대되는 이야기가 있다. 조선 중종 때 좌의정을 지낸 안당(安瑭)은 기묘사화 때 신진 사류들을 구하기 위해 애를 많이 쓴 명재상이었다. 그런데 자라를 즐겨 먹는 벽이 있어, 서울 근처의 강에서 잡히는 자라는 모두 그의 집으로 모이는 형편이었다. 그런데 하루아침에는 일어나 보니 동전 크기만 한 자라 새끼들이 뜰에 가득 차 돌

아다니는 것이 아닌가? 하인들을 시켜 쓸어다 강에 버리고 나면 또 어디서 몰려오는지 다시 가득하곤 하였다. 그런 얼마 후 아들 처겸(處謙)이 모함을 받아 죽고 자신도 거기에 연루되어 화를 당하고 말았다.

71. 군자는 떠들지도 나서지도 않는다.

十語九中이라도 未必稱奇나 一語不中이면
則愆尤騈集하며,
十謀九成이라도 未必歸功이나 一謨不成이면
則訾議叢興하나니
君子는 所以寧默이언정 毋躁하고
寧拙이언정 毋巧니라.

● 해석(解釋)

  열 마디 말 가운데 아홉 마디가 맞더라도 반드시 기이하다고 칭찬하지 않지만 한 마디 말이 맞지 않으면 허물이 한꺼번에 몰려들며, 열 가지 꾀 가운데 아홉 가지가 성공하더라도 공으로 돌리지 않으나 한 가지 꾀라도 이루어지지 않으면 비난하는 말이 떼로 일어난다.

그러므로 군자는 차라리 침묵할지언정 함부로 떠들지 않고 차라리 못난 체할지언정 재주를 부리지 않는다.

● 해설(解說)

정도전은 조선 왕조 건국의 일등 공신이었다. 지금의 서울 터를 잡아 성을 쌓고 각 궁궐의 이름을 지은 것도 그였으며, 법전(法典)을 정리하여 조선 왕조의 기틀을 세웠다. 그의 공로를 태조는 이렇게 기렸다.

"오늘날 내가 이 자리에 오를 수 있었던 것은 모두 경의 공로이다. 자자손손 우리 왕조와 함께 복록을 누릴 것이오."

그런데, 왕자(王子)의 난이 일어났다. 방석(芳碩)을 추대하려던 정도전은 결국 방원(芳遠)에게 죽음을 당하고 말았다. 아홉 번의 공이 한 번의 실수를 감싸주지 못했던 것이다.

72. 마음이 따뜻해야 복도 두텁고 오래간다.

천지지기 난즉생하고 한즉살이라.
天地之氣暖則生하고 寒則殺이라.
고로 성기청랭자는 수향역량박하니
故로 性氣淸冷者는 受享亦凉薄하니
유화기열심지인이라야 기복역후하고 기택역장이라.
唯和氣熱心之人이라야 其福亦厚하고 其澤亦長이라.

● 해석(解釋)

　천지의 기운이 따뜻하면 만물이 소생하고, 추우면 죽게 된다. 그러므로 성품과 기질이 맑고 차가운 사람은 누리는 바 역시 박하니, 오직 기질이 온화하고 마음이 뜨거운 사람이라야만 그 복 역시 후하고 그 은택 역시 오래 간다.

● 해설(解說)

　연산군이 세자로 있을 때 조지서(趙之瑞)와 허침(許琛)이 스승이 되었다. 어린 연산군은 장난이 심하고 놀기를 좋아하여 학문에 진보가 없었다. 조지서는 성격이 냉엄하여 연산군이 조금만 한눈을 팔면 책을 그 앞에 던지며,
　"공부에 힘을 쓰지 않으면 전하께 아뢰어 혼을 내겠습니다."
　이와 반면 허침은 항상 온화한 말로 타일러, 연산군이 허침만을 따르게 되었다. 그래서 벽에다 '조지서는 큰 소인이요, 허침은 큰 성인이다'라는 낙서까지 하게 되었다. 그러다 성종이 승하하고 연산군이 즉위하자 신변에 위험을 느낀 조지서는 지방 수령을 자청하여 나갔다가 얼마 후에는 아예 벼슬을 버리고 은거하였다. 그러다 갑자사화가 일어나 죽음을 당하여 시체는 강물에 던져지고, 재산은 적몰되었다.

73. 욕망의 길은 좁아 빠져나오기 어렵다.

天理路上은 甚寬하여 稍游心이라도
胸中에 便覺廣大宏朗하고,
人欲路上은 甚窄하여 纔奇迹이라도
眼前에 俱是荊棘泥塗니라.

● 해석(解釋)

하늘의 도리에 맞는 길은 매우 넓어서 조금이라도 거기에 마음을 쓰면 가슴 속이 문득 넓어지고 밝아짐을 느끼게 된다. 사람의 욕심으로 내닫는 길은 매우 좁아서 조금만 발을 붙여도 눈앞이 가시덤불과 진흙탕으로 덮여버린다.

● 해설(解說)

천리를 따르면 마음이 활짝 명랑해지며, 욕망을 따르면 잠깐 사이에 가시밭길을 걸어야 한다. 하늘의 이치란 바로 인간이 지켜야 할 도리이지 하늘이 무슨 말을 하는 것은 아니다. 인간 사회에서 용납받지 못하면 바로 하늘이 대신해서 응징한다는 것이 옛 사람들의 생각이었다.

74. 고난 뒤에 얻은 행복이 참 행복이다.

> 일고일락은 상마련하여
> 一苦一樂은 相磨練하여
> 연극이성복자는 기복이 시구하고,
> 練極而成福者는 其福이 始久하고,
> 일의일신을 상참감하여
> 一疑一信을 相參勘하여
> 감극이성지자는 기지가 시진이라.
> 勘極而成知者는 其知가 是眞이라.

● 해석(解釋)

 한 때의 괴로움과 즐거움을 서로 겪어 단련되어, 그 시련을 끝까지 견디어 복을 이룬 자는 그 복이 비로소 오래 가고, 한번 의심하고 한번 믿는 가운데 참작하여 결정을 신중히 한 후에 이루어진 지식은 그 지식이 참되다.

● 해설(解說)

 고생을 극복하기란 별로 어렵지 않지만 즐거움을 잘 절제하기란 그리 쉽지 않으며 의심하지 않기란 쉽지만 남을 믿기는 더욱 어렵다.

75. 마음이 충만하면 물욕이 생기지 않는다.

> 심불가불허니 허즉의리내거하고,
> 心不可不虛니 虛則義理來居하고,
> 불가불실이니 실즉물욕불입이니라.
> 心不可不實이니 實則物慾不入이니라.

● 해석(解釋)

마음은 비우지 않을 수 없으니, 비어 있으면 의리가 와서 깃들고, 마음은 채워두지 않을 수 없으니 채우면 물욕이 들어오지 못한다.

● 해설(解說)

마음을 비운다는 말이 오늘날 정치인들 사이에 유행하고 있으나 쉽게 아무 때나 할 수 있는 말이 아닌 듯하다. 사사로운 욕심을 없애고 의리에 입각하여 광명정대함이 만인에게 인정을 받아야 비로소 마음을 비웠다고 할 수 있다.

76. 맑은 물에는 고기가 살지 못한다.

> 지지예자는 다생물하고 수지청자는 상무어라.
> 地之穢者는 多生物하고 水之淸者는 常無魚라.
> 고로 군자는 당존함구납오지량하고
> 故로 君子는 當存含垢納汚之量하고

不可持好潔獨行之操라.
불가지호결독행지조라.

● 해석(解釋)

　더러운 땅에는 생물이 많이 살고, 맑은 물에는 항상 고기가 살지 않는다. 그러므로 군자는 마땅히 때 묻고 더러운 것을 받아들이는 도량을 지녀야지, 깨끗한 것을 좋아하여 홀로 행하는 뜻을 가져서는 안 된다.

● 해설(解說)

　넓은 바다는 청탁을 가리지 않고 다 받아들이고 너무 깨끗한 물에는 고기가 놀지 않는다.

　맹자(孟子)가 든 성인(聖人) 가운데 백이(伯夷)와 유하혜(柳下惠)의 대비가 재미있다. 백이는 은(殷)나라가 망하자 주(周)나라의 곡식을 먹지 않겠다며 수양산(首陽山)에 들어가 고사리를 캐어먹고 살다 죽은 사람이다.

　'백이는 나쁜 색을 보지 않고 나쁜 소리를 듣지 않으며, 그의 임금이 아니면 섬기지 않는 성인 가운데 맑은 사람이다.'

　'유하혜는 나쁜 임금을 부끄럼 없이 섬기고, 낮은 벼슬도 사양하지 않으며 촌사람과 함께 있어도 괘념하지 않으면서 너는 너고 나는 나이니 어찌 네가 나를 더럽힐 수 있겠는가 하였다. 그러므로 유하혜는 성인 가운데 온화한 사람이다.'

77. 노력 없이는 아무 것도 이룰 수 없다.

> 범가지마도 가취구치하고 약야지금도 종귀형범하니
> 泛駕之馬도 可就驅馳하고 躍冶之金도 終歸型範하니
> 지일우유부진하면 변종신무개진보라.
> 只一優遊不振하면 便終身無個進步라.
> 백사운하되 위인다병이 미족수요
> 白沙云하되 爲人多病이 未足羞요
> 일생무병이 시오우라 하니 진확론야라.
> 一生無病이 是吾憂라 하니 眞確論也라.

● 해석(解釋)

  수레를 뒤엎는 사나운 말도 길들이면 몰 수 있고, 녹여 붓기 어려운 금도 마침내는 틀에 부어져 물건이 되니 단지 편안히 놀기만 하고 노력하지 않는다면 일생 동안 진보함이 없다. 백사가 말하되 '사람이 병이 많은 것이 부끄러운 것이 아니요, 일생 동안 병 없음이 나의 근심이다'라고 하였으니 참으로 옳은 말이다.

● 해설(解說)

  야생마를 잘 길들이면 명마(名馬)가 되듯이 사람도 어떻게 가르치고 노력하느냐에 따라 유용 여부가 결정된다.

  조선 선조 때 명장 정기룡(鄭起龍)은 소시에 무척 불우하였다. 소금 장수를 하여 연명하다가 겨우 군관이 되었다. 그러다 전주에 사는 토호 권 씨 집에 심부름을 갔다가 거기서 장가를 들게 된다. 권 씨의 외동딸은 본래 선견지명이 있었는데 초라한 정기룡의 기상이

범상치 않음을 간파한 것이다. 부모가 집안이 가난하여 취할 점이 없다고 반대하자 권 씨 처녀는 집에 있던 길들여지지 않은 사나운 말을 끌고 나와 부모에게 말했다.

"저분이 이 말을 타면 제 신랑으로 맞으시겠지요?"

사납던 말은 정기룡이 올라타자 얌전히 달렸다. 이렇게 하여 아내와 그 길들여지지 않은 말을 얻은 정기룡은 임진왜란 때 공을 세워 통제사에 올랐다.

78. 욕심이 없으면 한 세상 초월할 수 있다.

> 인지일념탐사면 변소강위유하고
> 人只一念貪私면 便銷剛爲柔하고
> 색지위혼하며 변은위참하고
> 塞智爲昏하며 變恩爲慘하고
> 염결위오하여 괴료일생인품이라.
> 染潔爲汚하여 壞了一生人品이라.
> 고로 고인은 이불탐으로 위보하니 소이도월일세라.
> 故로 古人은 以不貪으로 爲寶하니 所以度越一世라.

● 해석(解釋)

　사람이 한결같이 사적인 욕심을 채우기에 마음을 쓰면 굳센 기질을 녹여 우유부단하게 만들고, 지혜를 막아 어리석게 만들며, 은혜로움을 참혹으로 변화시키고, 깨끗함을 물들여 더럽게 하여 일생의 인품을 파괴시킨다. 그러므로 옛날 사람들은 탐욕 부리지 않는 것을 보배로 삼았으니, 그렇게 해야 한 세상을 초월할 수 있었던 것이다.

● 해설(解說)

고려 고종(高宗) 때 사람 노극청(盧克淸)은 욕심이 없기로 유명하였다. 집이 가난하여 그의 아내가 자신이 없는 사이에 집을 돈 12근에 팔았다. 그 사실을 안 노극청은 즉시 집을 산 현덕수(玄德秀)를 찾아가 이렇게 말했다.

"자, 이 돈 3근을 다시 돌려드려야겠소. 내가 이 집을 살 때 9근을 주었는데 선비로서 어찌 까닭 없이 3근을 더 받겠소?"

"집은 세월이 가면 값이 오르게 마련이오. 그냥 받아두시오."

"그까짓 3근의 돈 때문에 탐욕을 부렸다는 소리를 듣고 싶지 않으니 어서 받으시오. 그렇지 않으면 물리겠소."

현덕수는 할 수 없이 그 돈을 받으며 이렇게 말했다.

"당신이 그러니 난들 어찌 시가보다 싼 집을 사 비웃음을 받겠소. 우리 이 돈을 절에 사주하여 좋은 일이나 합시다."

79. 정욕은 내면의 도둑이다.

이목견문은 위외적이요
耳目見聞은 爲外賊이요
정욕의식은 위내적이니 지시주인옹이 성성불매하여
情欲意識은 爲內賊이니 只是主人翁이 惺惺不昧하여

독좌중당하면 적변화위가인의라.
獨坐中堂하면 賊便化爲家人矣라.

● 해석(解釋)

 귀로 듣고 눈으로 보는 것은 밖으로부터 오는 적이요, 정욕과 의식은 안에서 생기는 적이다. 단지 이는 주인 되는 본심이 또렷이 깨어 어둡지 않아서 홀로 중심에 자리 잡고 있으면 이들 적이 문든 한 집안 식구가 된다.

● 해설(解說)

 눈으로 보고 듣는 것은 모두 우리를 유혹하는 적이요, 마음에서 일어나는 욕정은 이성을 잃게 하니 항상 정신을 바짝 차리어 욕정이 이성을 이기는 일이 없게 해야 한다.

80. 뉘우침은 예방함만 못하다.

도미취지공은 불여보이성지업이요,
圖未就之功은 不如保已成之業이요,
회기왕지실은 불여방장래지비라.
悔旣往之失은 不如防將來之非라.

● 해석(解釋)

  성취시키지 못한 공을 꾀하는 것은 이미 성취시킨 일을 보전해 나가는 것만 못하고, 지나간 실수를 뉘우치는 것은 장차 있을지 모르는 잘못을 방지하는 것만 못하다.

● 해설(解說)

  '멧돝 잡으려다 집돝 잃는다'는 속담이 있으며, 또 모든 일은 성공하기보다 그걸 지켜나가기가 어렵다. 지난 허물은 자꾸 마음에 떠올리는 것보다는 앞으로 그런 잘못을 저지르지 않는 것이 현명하다.

81. 기상은 높되 소홀해서는 안 된다.

> 기상은 요고광이나 이불가소광하고
> 氣象은 要高曠이나 而不可疎狂하고
> 심사는 요진밀이나 이불가쇄설하며,
> 心思는 要縝密이나 而不可瑣屑하며,
> 취미는 요충담이나 이불가편고하고
> 趣味는 要沖淡이나 而不可偏枯하고
> 조수는 요엄명이나 이불가격렬이라.
> 操守는 要嚴明이나 而不可激烈이라.

● 해석(解釋)

  기상은 높고 넓어야 하지만 너무 소탈하고 경망해서는 안 되고, 마음은 치밀해야 하지만 좀스러워서는 안 되며, 취미는 담박해야 하지만 편벽되게 메말라서는 안 되며, 지조를 지킴에는 엄하고 분명해야 하지만 격렬해서는 안 된다.

● 해설(解説)

소광(疎狂)이란 표현하기가 어려운 뜻을 품고 있다. 소활하고 미친 듯한 행동을 말하는데, 뜻있는 선비들이 난세를 살아가는 한 방편이 되기도 했다.

매월당(梅月堂) 김시습(金時習)은 어려서부터 신동(神童)으로 불렸으며 세종이 부르기까지 꽤 장래가 촉망되었다. 그런데 21세 되던 해 단종이 폐위되는 변이 일어났다. 김시습은 벼슬에 뜻을 잃고 책을 모두 불사른 다음 삼각산으로 들어가 중이 되어 이상한 행동을 많이 하였다. 한번은 세조가 법회를 열고 그에게 설법(説法)을 청하자 마지못해 불려갔다가 시궁창에 옷을 더럽혀 간신히 모면하기도 했다. 47세 때는 산에서 내려와 장가를 들었다가 그 아내가 죽자 다시 승려가 되기도 했다.

82. 바람이 지나도 소리를 남기지 않는다.

풍 래 소 죽 에 풍 과 이 죽 불 류 성 하 고
風來疎竹에 風過而竹不留聲하고,
안 도 한 담 에 안 거 이 담 불 류 영 이 라
雁度寒潭에 雁去而潭不留影이라.

> 고로 군자는 사래이심시현하고 사거이심수공이라.
> 故로 君子는 事來而心始現하고 事去而心隨空이라.

● 해석(解釋)

바람이 성긴 대나무에 불어와 소리를 내다가도 바람이 지나가면 대는 그 소리를 더 이상 내지 않고, 기러기가 쓸쓸한 못을 지나면서 그림자를 드리우지만, 기러기가 지나가고 나면 못에는 그림자가 남지 않는다. 그러므로 군자는 일이 닥치면 마음이 그제야 나타나고, 그 일이 지나가면 마음도 따라서 비게 된다.

● 해설(解說)

중국 송나라 때 대학자 정호(程顥)와 정이(程頤) 형제가 하루는 나란히 어떤 재상집 연회에 참석하였다. 그런데 동생이 보니 점잖은 형이 기녀들과 못할 짓 없이 수작을 떠는 게 아닌가? 못마땅하게 여긴 동생이 돌아오는 길에 형에게 물었다.

"형님, 아까 행동은 보기에 딱할 정도였습니다."

무슨 말을 하는지 얼른 깨닫지 못한 형은 한참 후에야 동생의 말뜻을 깨닫고 이렇게 말했다.

"너는 아직 그 연회 생각을 하고 있는 게구나. 나는 벌써 다 잊었다."

83. 치우치지 않음이 참다운 덕이다.

> 청능유용하고 인능선단하며 명불상찰하고 직불과교면
> 清能有容하고 仁能善斷하며 明不傷察하고 直不過矯면
> 시위밀전불첨이요 해미불함이니 재시의덕이라.
> 是謂蜜餞不甛이요 海味不鹹이니 纔是懿德이라.

● 해석(解釋)

 청렴하면서도 포용하는 도량이 있고 어질면서도 결단을 잘 하며 분명하면서도 너무 따지지 않고, 곧으면서도 지나치게 날래지 않으면 이는 이른바 '꿀 과자이면서도 달지 않고, 해산물이면서도 짜지 않다'는 것으로 아름다운 덕이라 할 것이다.

● 해설(解說)

 자신이 청렴하면 흔히 남의 잘못을 용납하지 못하게 마련이고 분명한 사람은 너무 지나치게 따지는 게 흠이다. 과격하지 않고 남을 포용하는 도량을 지니는 것이야말로 참으로 아름다운 덕이 아닐 수 없다.

84. 한 때 곤궁해도 자포자기 하지 마라.

貧家도 淨拂地하고 貧女도 淨梳頭하면
景色이 雖不艶麗나 氣度는 自是風雅니
士君子가 一當窮愁寥落이나
奈何輒自廢弛哉리오?

● 해석(解釋)

　가난한 집안도 깨끗이 청소하고, 가난한 여인도 깨끗이 머리를 빗으면 그 모습이 비록 화려하지는 못하지만 기품은 저절로 풍류스럽다. 선비가 한 때 곤궁하여 근심하고 영락하더라도 어찌 스스로 포기하여야 하겠는가?

● 해설(解說)

　아름다운 용모를 지닌 것은 다행스러운 일이나 자랑할 것은 못된다. 가난은 자랑할 것은 못되지만 부끄러워할 일도 아니다.
　조선 정조(正祖) 때 명재상이었던 채제공(蔡濟恭)은 어려서 집안이 가난하였다. 과거를 보아야겠는데 준비를 할 수 없자 안면이 있는 재상집으로 갔다.
　"과거에 필요한 지필묵을 얻고자 합니다."
　재상은 당돌한 젊은이의 기개를 높이 사 지필묵을 마련해 주었다.

"아니 이걸 저더러 손수 가져가라 하십니까? 이왕 주실 바에는 하인에게 들려 보내주십시오."

"내가 미처 생각하지 못했네."

재상은 젊은이를 너무 얕잡아본 것을 사과하였다. 이렇게 해서 하인까지 동반한 채제공이 문밖을 나서는데, 그의 등에서 개 가죽이 쑥 빠져 나와 땅에 떨어졌다. 개 가죽은 천민들이 추위를 막기 위해 등에 넣는 도구였다. 채제공은 그것마저 남에게 빌어 입고 왔던 것이다. 재상은 채제공이 이번에는 무안해 할 것으로 여겼다. 그런데 채제공은 태연자약하게 종을 꾸짖었다.

"무엇하느냐? 내 개 가죽이 떨어졌으니 어서 내 등에 다시 넣어라."

85. 한가한 때에 시간을 헛되이 마라.

閑中에 不放過면 忙處에 有受用하고,
靜中에 不落空이면 動處에 有受用하며,
暗中에 不欺隱하면 明處에 有受用이라.

● 해석(解釋)

한가한 시간을 헛되이 보내지 않으면 바쁠 때 유용함이 있고, 고요할 때에 공상에 빠지지 않으면 활동할 때에 도움이 있고, 어두움 속에서 자신을 속이지 않으면 밝은 곳에서 도움이 있게 된다.

● 해설(解說)

한가한 시간을 잘 관리하는 것은 여러 모로 유익한 줄 알지만 지키기가 쉽지 않다. 더구나 아무도 모르는 곳에서 자신을 속이지 않기란 더 어렵다. 《예기(禮記)》에 '소인은 한가한 때에 불선(不善)을 저지른다' 하였고, 《대학(大學)》에는 '군자는 반드시 홀로 있을 때를 삼간다'라고 하였다.

86. 생각나면 깨닫고 깨달았으면 돌이켜라.

염두기처에 재각향욕로상거면 변만종리로상래하라.
念頭起處에 纔覺向欲路上去면 便挽從理路上來하라.
일기변각하고 일각변전이니 차시전화위복하고
一起便覺하고 一覺便轉이니 此是轉禍爲福하고
기사회생적관두니 절막경이방과하라.
起死回生的關頭니 切莫輕易放過하라.

● 해석(解釋)

생각이 일 때 조금이라도 그 생각이 사욕(私欲)의 길로 가는 것을 깨닫거든 도리에 맞는 길을 따르도록 이끌라. 한 생각이 일어나면 문득 깨달아야 하고, 한 번 깨달아서 문득 돌려야 하니, 이것이 화를 돌리어 복으로 만들고 죽은 것을 일으켜 살리는 중요한 갈림길이니 절대 가볍게 여겨 그냥 지나쳐서는 안 된다.

● 해설(解說)

정욕의 마음이 일어나는 것을 깨달으면 애써 이성을 되찾아 거기에 빠지는 것을 막아야 하니, 이것은 화를 예방하고 복을 맞는 기틀이며 죽음의 길에서 삶의 길로 자신을 인도한다.

87. 마음을 보며 도를 체득하는 법

> 정중에 염려징철하면 견심지진체하고,
> 靜中에 念慮澄徹하면 見心之眞體하고,
> 한중에 기상종용하면 식심지진기하며,
> 閒中에 氣象從容하면 識心之眞機하며,
> 담중에 의취충이하면 득심지진미하니,
> 淡中에 意趣沖夷하면 得心之眞味하니,
> 관심증도는 무여차삼자라.
> 觀心證道는 無如此三者라.

● 해석(解釋)

고요할 때에 생각이 맑고 깨끗하면 마음의 참모습을 볼 것이고, 한가할 때에 기상이 조용하면 마음의 참다운 기틀을 알 것이며, 담담한 가운데 뜻이 편안하면 마음의 참다운 맛을 얻을 수 있을 것이니, 마음을 살피고 도를 체득하는 방법은 이 세 가지보다 나은 것이 없다.

● 해설(解說)

   고요한 가운데 깨끗한 마음을 갖고 한가한 가운데 조용한 기상을 지니며, 담담한 가운데 충만한 뜻을 잃지 않으면 마음의 본체를 알고 도를 깨달을 수 있다.

88. 고요 속에 고요함은 고요가 아니다.

_{정 중 정 은   비 진 정 이 니}
靜中靜은 非眞靜이니

_{동 처 에   정 득 래 라 야   재 시 성 천 지 진 경 이 요}
動處에 靜得來라야 纔是性天之眞境이요,

_{낙 중 락 은   비 진 락 이 니}
樂中樂은 非眞樂이니

_{고 중 에   낙 득 래 라 야   재 견 심 체 지 진 기 니 라}
苦中에 樂得來라야 纔見心體之眞機니라.

● 해석(解釋)

   고요한 가운데서 느낀 고요함은 참다운 고요가 아니며, 바쁜 가운데서 얻은 고요함이라야 마음의 참다운 경지이다. 즐거운 가운데서 얻은 즐거움은 참다운 즐거움이 아니며, 괴로운 가운데서 얻은 즐거움이야말로 마음의 참된 기틀이다.

● 해설(解説)

　아무 일 없는 가운데서 느끼는 고요함은 참다운 고요가 아니라 바쁠 때에 느끼는 동중정(動中靜)이 참다운 고요함이며, 괴로운 가운데서 얻는 즐거움이야말로 더할 수 없는 즐거움이다. 이런 경지에 이르러야 천성(天性)과 마음 본체의 참된 기틀을 알 수가 있다.

89. 결심에 대한 의심은 부끄러울 뿐이다.

> 사기어든 무처기의하라.
> 舍己어든 毋處其疑하라.
> 처기의면 즉소사지지에 다괴의리라.
> 處其疑면 卽所舍之志에 多愧矣리라.
> 시인커든 무책기보하라.
> 施人커든 毋責其報하라.
> 책기보하면 병소시지심이 구비의니라.
> 責其報하면 倂所施之心이 俱非矣니라.

● 해석(解釋)

　자신을 희생하기로 하였으면 의심하지 말라. 하면서 의심하면 희생하는 뜻에 부끄러움이 많게 된다. 남에게 베풀거든 갚기를 바라지 말라. 갚기를 책임지우면 베푼 마음을 모두 그르치게 된다.

● 해설(解説)

　자신을 희생하기로 마음먹었으면 완전히 믿고 의심하지 말아야하며 의심하게 되면 그 정신에 손상이 간다. 남에게 은혜를 베풀고 갚기를 바라면 공이 없어진다.

조선 선조(宣祖) 때 역관(譯官) 홍순언(洪純彦)에 얽힌 보은단(報恩緞) 유래가 있다. 홍순언이 한번은 사신을 따라 북경에 가 홍등가를 어슬렁거리다 한 미인을 만났는데 하룻밤 화대가 천금이라 하였다. 까닭을 물으니 그녀는 어떤 고관의 딸로 아버지가 죄를 입고 죽어 몸을 팔아 그 장례비를 마련하기 위함이라 하였다. 홍순언은 평소 호협으로 자처하던 터라 필요한 돈을 준 후 여인을 그냥 돌려보냈는데, 그 돈은 공금이었기 때문에 귀국해 옥고까지 치르면서도 후회하지 않았다.

그 후 임진왜란이 일어나 홍순언은 응원군을 청하는 사신을 따라 다시 북경에 갔다. 북경 가까이 도착하자 홍순언을 찾는 사람이 마중을 나와 있었다.

"병부상서 석성(石星) 대감이 조선 홍 역관을 찾습니다."

홍순언은 영문을 모르고 따라갔더니 안방에서 웬 여인이 나와 절을 하는 게 아닌가?

"저를 잊으셨습니까? 저는 십여 년 전 대인의 은혜를 입고……."

자세히 보니 그 때 그 여인이 분명했다. 그녀는 홍순언 덕택에 몸을 더럽히지 않고 아버지의 장례를 마친 후 석성의 후실이 되었던 것이다.

응원군은 바로 병부 상서의 소관이어서 명나라에서 응원군을 파견하겠다는 확답을 받고 돌아오는데 그녀는 비단을 가득히 담은 큰 함을 하나 주었다. 그 비단에는 필마다 '보은단'이라는 수가 새겨져 있었다. 그래서 홍순언이 살던 동네를 보은단 동이라 불렀고, 홍순언은 역관 신분으로 광국공신(光國功臣)이 되었다.

90. 뜻이 곧은 선비는 하늘이 길을 열어준다.

천이 박아이복이어든 오는 후오덕이아지하고
天이 薄我以福이어든 吾는 厚吾德以迓之하고

천이 노아이형이어든 오는 일오심이보지하며
天이 勞我以形이어든 吾는 逸吾心以補之하며

천이 액아이우어든 오는 형오도이통지하면
天이 阨我以遇어든 吾는 亨吾道以通之하면

천차아에 내하재리오?
天且我에 奈何哉리오?

● 해석(解釋)

하늘이 복을 적게 주면 나는 내 덕을 후하게 하여 이를 맞고, 하늘이 내 몸을 수고롭게 하면 나는 내 뜻을 편안하게 가져 그것을 보충할 것이며, 하늘이 나에게 액운을 당하게 하면 나는 나의 도를 형통하게 하여 통하게 하면 하늘이 나를 어떻게 하겠는가?

● 해설(解說)

하늘이 복을 주지 않으면 원망할 게 아니라 내 덕을 후하게 하고, 하늘이 나에게 재앙을 내려도 나는 나의 도리를 다하면 하늘인들 어떻게 하겠는가?

조선 성종 때 대사헌(大司憲)을 지낸 권경희(權景禧)는 처가가 한미하였다. 조선 시대에는 처가, 외가가 한미하면 높은 벼슬이나 요직은 맡지 못한 게 상례였다. 그래서 대간(臺諫)의 탄핵을 받자, 아버지마저 아내를 버리고 새 장가를 들라고 재촉했다. 그러나 권경희는 꿈쩍도 하지 않고 이렇게 말했다.

"어찌 10년이나 함께 살아온 조강지처를 버리겠습니까? 하늘이 정해준 배필을 버리고 높은 벼슬을 하느니, 벼슬 없이 도리를 다하며 살겠습니다."

끝내 권경희가 아내를 버리지 않자, 대간들은 그의 벼슬을 빼앗아야 한다고 주장했다. 그러자 성종은 대간을 나무랐다.

"권경희가 공명을 바라지 않아 그 아내를 버리지 않았으니, 이는 훌륭한 사람이다."

그래서 벼슬에서 밀려나지 않았는데, 나중에야 그의 처가 한미한 집안이 아님이 밝혀졌다.

91. 요행을 바라지 말고 직분에 충실하라.

정사는 무심요복이라 천즉취무심처하여 유기충하고,
貞士는 無心徼福이라 天卽就無心處하여 牖其衷하고,

섬인은 저의피화라 천즉취저의중하여 탈기백하니,
憸人은 著意避禍라 天卽就著意中하여 奪其魄하니,

가견천지기권이 최신이라 인지지교가 하익이리오?
可見天之機權이 最神이라 人之智巧가 何益이리오?

● 해석(解釋)

 지조가 바른 사람은 복을 구하는 마음이 없어서 하늘이 그 마음 쓰지 않은 곳에 나아가 그 마음을 인도하고, 간사한 사람은 화를 피하는 데 마음을 써서 하늘이 그 마음을 쓰는 데 나아가 그 넋을 빼앗는다. 하늘의 권능이 아주 신묘함을 보게 되니 사람의 잔꾀가 무슨 도움이 되겠는가?

● 해설(解說)

 올바른 사람은 요행을 바라지 않고 자기 직분에 충실하지만 때가 되면 하늘이 그 정직함을 보답하기 위해 복을 내린다. 그러나 잔재주를 부리며 남을 해쳐 가며 자신의 이익만을 꾀하는 사람은 재앙을 내린다. 하늘의 권능이 이처럼 큰데 어찌 사람의 잔재주가 통하겠는가?

92. 사람을 보려면 노년을 보라.

성기도 만경종량하면 일세지연화무애하고
聲妓도 晩景從良하면 一世之胭花無碍하고
정부도 백두실수하면 반생지청고구비라.
貞婦도 白頭失守하면 半生之淸苦俱非라.
어운하되 간인엔 지간후반절하라 하니 진명언야라.
語云하되 看人엔 只看後半截하라 하니 眞名言也라.

● 해석(解釋)

　기생도 만년에 남편을 만나면 평생의 음란함이 꺼릴 것이 없고, 정절이 있는 부인도 늘그막에 정조를 잃으면 반평생 동안 지키던 청고함이 모두 헛되게 된다. 옛말에 이르기를 '사람을 볼 때는 단지 그 사람의 후반만 보라' 하였으니, 참으로 명언이라 하겠다.

● 해설(解說)

　연소할 때의 실수는 누구나 있게 마련이어서 족히 따질 것이 못된다. 그러나 만절(晚節)이 어긋나면 평생의 명성이나 지조가 무슨 소용이 있겠는가? 소장 시절에는 정의를 위해 앞장섰던 분들이 만년의 지조를 지키지 못해 오명을 남기는 예는 흔하지 않다. 그런 사람은 평생 동안 수절을 하다가 늦바람이 나 실절(失節)한 부인만도 못하다.

　조선 태조 때 대제학(大提學)을 지낸 권근(權近)은 문명(文名)과 절의가 정몽주, 이색 등과 나란히 하여 고려 말 여러 차례 옥고를 치렀다. 고려가 망하자 다른 신하들과 함께 조선을 섬기지 않고 절의를 지키기로 했다. 그런데 태조가 그의 아버지 권희(權僖)를 졸라 권근의 아들 규(跬)를 경안 공주와 혼인을 시키고 부르도록 하였다. 권근은 아버지의 명을 거역할 수가 없어 한강 가까이까지 와 맴돌다 마침내 설득을 당해 조선 왕조 창업에 협력을 하게 되었다. 그 때부터 권근의 벼슬은 점점 올랐으나 청명(淸名)을 잃어 오늘날까지 한 점 티로 여기게 되었다.

93. 권세에 탐하면 지위는 있되 거지와 같다.

平民도 肯種德施惠하면 便是無位的公相이요,
평민도 긍종덕시혜하면 변시무위적공상이요

士夫도 徒貪權市寵하면 竟成有爵的乞人이라.
사부도 도탐권시총하면 경성유작적걸인이라

● 해석(解釋)

평범한 백성도 즐겨 덕을 삼고 은혜를 베풀면 이는 지위 없는 공경(公卿), 재상(宰相)이요, 사대부도 한갓 권세를 탐내고 은총을 사기에 힘쓰면 마침내 작위 있는 걸인이 되고 만다.

● 해설(解說)

권력에 눈이 어두우면 못할 짓이 없게 되어 마침내는 거지도 하지 않을 행동까지 하게 된다.

중종 때 권신 남곤(南袞)이 하루아침에는 영의정 정광필(鄭光弼)의 집을 찾아왔는데 거지차림이었다. 깜짝 놀란 정광필이 물었다.

"대감께서 웬일이시오?"

"조광조 일당을 하나라도 남겨 두어서는 안 될 듯싶은데 오늘 그 문제로 상께서 부르실 테니 꼭 협조해 주셔야지 그렇지 않으면 큰일 날 줄 아십시오."

협박이나 다름없는 말에 정광필은 정색을 하고 꾸짖었다.

"재상의 신분으로 거지 차림을 하고 남의 눈을 피해 온 것도 괴이한데, 더군다나 어진 선비들을 해치겠다는 겁니까? 나는 따를 수 없소."

실로 권력에 눈이 어두워져 거지 행색도 사양하지 않았던 것이다.

94. 지금 나의 행함이 훗날 자손의 복이 된다.

問祖宗之德澤하면 吾身所享者가 是니
當念其積累之難하고,
問子孫之福祉하면 吾身所貽者가 是니
要思其傾覆之易니라.

● 해석(解釋)

조상의 덕택이 무엇이냐고 묻는다면 내 자신 누리고 있는 것이 그것이니 마땅히 쌓아 오기 어려움을 생각해야 하고, 자손의 복이 무엇이냐고 묻는다면 내 자신이 남겨 준 것이 이것이니 그것이 기울고 넘어지기 쉬움을 생각해야 한다.

● 해설(解說)

적선(積善)하는 집에 경사가 있다고 하였다. 고려 때 외교로 거란군을 물리친 서희(徐熙)의 할아버지 서신일(徐神逸)은 덕 베풀기를 좋아하였다. 시골에서 살 때인데, 하루는 화살에 맞은 사슴 한 마리가 집 근처에 와 쓰러지는 것을 목격했다. 서신일은 불쌍한 생각이 들어 화살을 빼 준 다음 나뭇단으로 숨겨 주었다. 그때 사냥꾼이 달려오더니 사슴을 보지 못했느냐고 물었으나 서신일은 보지 못했다고 시치미를 뗐다. 그날 밤 꿈에 신인(神人)이 나타나 이렇게 고마움을 표했다.

"아까 숨겨 준 사슴은 내 아들입니다. 그대의 덕으로 죽음을 면했으니 그 보답으로 댁의 자손의 번영을 빌겠습니다."

과연 그 신인의 말대로 80세에 아들 서필을 낳았는데, 서필과 그의 아들 서희, 서희의 아들 서눌은 모두 재상이 되었다.

95. 군자의 위선은 소인의 악행과 같다.

군자이사선은 무이소인지사악이요.
君子而詐善은 無異小人之肆惡이요,
군자이개절은 불급소인지자신이라.
君子而改節은 不及小人之自新이라.

● 해석(解釋)

군자이면서 선한 척 속이는 것은 소인이 악을 멋대로 행하는 것과 다름이 없고, 군자이면서 절조를 고치는 것은 소인이 스스로 잘못을 고쳐 새롭게 되는 것만 못하다.

● 해설(解説)

　자신들만이 모든 정의의 표본인 듯 떠들어대는 사회 지도자일수록 권좌에서 물러난 다음에 보면 모든 악을 다 자행한 사실이 드러난 예가 많다. 이런 사람은 차라리 드러나게 악을 행하다가 개과천선한 사람보다 못하며, 도덕군자인 체하다가 절개를 바꾼 사람은 소인으로서 자신을 새롭게 하는 사람만 못하다.

96. 훈계는 온화함으로 하라.

> 가인유과어든 불의폭노하고 불의경기라.
> 家人有過어든 不宜暴怒하고 不宜輕棄라.
> 차사난언이어든 차타사은풍지하되
> 此事難言이어든 借他事隱諷之하되
> 금일불오어든 사내일재경하고
> 今日不悟어든 俟來日再警하고
> 여춘풍해동하며 여화기소빙하면 재시가정적형범이라.
> 如春風解凍하며 如和氣消冰하면 纔是家庭的型範이라.

● 해석(解釋)

　집안 식구에게 허물이 있으면 사납게 화를 내어도 마땅치 않으며 가벼이 버려서도 안 된다. 그 일을 바로 들어 말하기 어렵거든 다른 일을 빌어 은연중에 일깨워주고 오늘 깨닫지 못하거든 내일을 기다려 다시 깨우쳐 주어서 마치 바람이 얼어붙은 것을 녹이고 따뜻한 기운이 얼음을 녹이듯이 하는 것이 가정의 전형적인 규범이다.

● 해설(解説)

　남과 불화(不和)하면 관계를 끊고 지낼 수 있으나, 가족 사이가 불편한 관계에 놓이면 이는 천륜(天倫)에 어긋나게 된다. 그래서 옛날에는 자식 교육을 친구 사이에 바꾸어 했는데, 이는 자칫 잘못하면 부자 사이에 불화가 있을까 염려해서였다.

97. 내 마음이 너그러우면 세상이 온화해 진다.

차심이 상간득원만하면 천하에 자무결함지세계요,
此心이 常看得圓滿하면 天下에 自無缺陷之世界요,
차심이 상방득관평하면 천하에 자무험측지인정이라.
此心이 常放得寬平하면 天下에 自無險側之人情이라.

● 해석(解釋)

　자신의 마음이 항상 원만하면 천하는 스스로 결함 없는 세계가 될 것이요, 내 마음이 항상 너그럽고 평화스러우면 천하에 스스로 사나운 인정이 없게 될 것이다.

● 해설(解説)

　부처님의 눈으로 보면 온 세상은 다 부처님으로 보인다. 무학대사(無學大師)는 조선 태조를 도와 개국에 큰 도움을 준 인물이다. 한번은 술자리에서 태조가 무학에게 농담을 걸었다.

"대사님 모습이 꼭 돼지 같습니다."

그러나 무학은 빙긋이 웃으며 이렇게 대꾸했다.

"제 눈에는 전하의 모습이 꼭 부처님 같습니다."

"아, 고맙습니다."

"아닙니다. 부처님 눈에는 누구나 다 부처님으로 보이게 마련입니다."

98. 지조를 지키되 엄격함을 드러내지 마라.

> 담박지사는 필위농염자소의요
> 澹泊之士는 必爲濃艶者所疑요
> 검칙지인은 다위방사자소기니
> 檢飭之人은 多爲放肆者所忌니
> 군자처차에 고불가소변기조리하고
> 君子處此에 固不可少變其操履하고
> 역불가태로기봉망이라.
> 亦不可太露其鋒芒이라.

● 해석(解釋)

담박하게 사는 선비는 반드시 화려하게 사는 사람에게 미움을 받게 되고, 자신을 단속하며 사는 사람은 흔히 제멋대로 생활하는 사람에게 거리낌을 받으니 군자는 이런 경우에는 조금이라도 지조와 행실을 변화시켜서는 안 되며 역시 그 날카로움을 너무 드러내서도 안 된다.

● 해설(解說)

　너무 깨끗하게 처신하는 사람은 그렇지 못한 사람들에게 시비를 받게 마련이니 지나치게 자신을 드러내지 말아야 한다.

99. 역경에서의 고통은 모두 약이 된다.

거 역 경 중 이 면　주 신 이　개 침 폄 약 석 이 라
居逆境中이면 周身이 皆鍼砭藥石이라
지 절 려 행 이 불 각 하 고,
砥節礪行而不覺하고,
처 순 경 내 면　안 전 이　진 병 인 과 모 라
處順境內면 眼前이 盡兵刃戈矛라
소 고 미 골 이 부 지 니 라.
銷膏靡骨而不知니라.

● 해석(解釋)

　역경에 처했을 때에는 몸의 주변이 모두 침과 약이어서 절조를 갈고 행실이 단련되는데도 깨닫지 못할 뿐이고, 순탄한 환경에 처했을 때에는 눈앞에 있는 것이 모두 칼과 창이어서 살을 녹이고 뼈를 깎는데도 모르고 있다.

● 해설(解說)

　역경에 처했을 때는 흔히 자포자기 하기가 쉽다. 그러나 잘 생각해 보면 그런 시련은 자신을 더 갈고 다듬는 기회가 아니겠는가? 안

락한 생활에 빠져 하루하루를 뜻 없이 보내면 눈앞에 보이는 것이 모두 자신을 해치는 무기여서 살이 깎이고 뼈가 녹아도 자신은 그걸 모르고 헤어나려 하지 않는다.

100. 부귀한 욕심의 불꽃이 자신을 태운다.

> 생장부귀총중적은 기욕이 여맹화하고
> 生長富貴叢中的은 嗜欲이 如猛火하고
> 권세가 사열염하니
> 權勢가 似烈焰하니
> 약부대사청랭기미하면
> 若不帶些淸冷氣味하면
> 기화염이 부지분인이나 필장자삭의니라.
> 其火焰이 不至焚人이나 必將自爍矣니라.

● 해석(解釋)

부귀한 환경에서 성장한 사람은 욕심이 거세게 타는 불과 같고 권세가 사나운 불꽃같아서 만약 조금의 맑고 차가운 기운과 맛을 띠지 않으면 그 불꽃이 남을 태우는 지경에 이르지는 않으나 반드시 자신을 태워 녹이고 말 것이다.

● 해설(解說)

세조(世祖) 때 사람 한계희(韓繼禧)는 한명회(韓明澮)의 집안으로 부귀한 집안에서 출생하여 고생을 모르고 자랐으며 자신도 좌찬성까지 지내고 서평군(西平君)에 봉해졌다. 그러나 그의 생활은 항상 검소하여 아침저녁 채소 반찬만 먹으며 살았는데 늙어갈수록 더 심하였다. 보다 못한 한명회가 홍인문 밖에 있는 논을 떼어주었으나 한계회는 끝내 받지 않았다. 가난한 사람은 욕심이 적을 수 있겠으나 부귀한 사람으로 청렴을 지키기란 그리 쉬운 일이 아니다.

101. 사람의 집념은 바위를 뚫는다.

> 인심일진하면 변상가비하고 성가운하며 금석가관이니,
> 人心一眞하면 便霜可飛하고 城可隕하며 金石可貫이니,
> 약위망지인은 형해도구나 진재이망이라.
> 若僞妄之人은 形骸徒具나 眞宰已亡이라.
> 대인즉면목이 가증하고 독거즉형영자괴니라.
> 對人則面目이 可憎하고 獨居則形影自媿니라.

● 해석(解釋)

  사람의 마음이 한결같이 참되면 문득 서리를 내리게 할 수도 있고, 성곽을 무너뜨릴 수도 있으며, 쇠붙이와 바위도 꿰뚫을 수가 있다. 그러나 거짓되고 망령된 사람은 형체만 헛되이 갖추고 있을 뿐 참된 마음이 이미 없어져서 사람을 대하면 그 얼굴이 가증스럽고 홀로 있으면 그 그림자도 스스로 부끄러워한다.

● 해설(解説)

　지성이면 하늘도 감탄시킬 수 있다.

　중국 연(燕)나라 때 일로 추연(鄒衍)이란 사람이 모함을 받고 옥에 갇혔다. 너무 억울하여 하늘을 향하여 자신의 무죄를 호소하자 오뉴월 무더운 날씨에 갑자기 서리가 내렸다 한다. 신라 진성여왕(眞聖女王)의 음란을 비난하는 글이 서라벌 장안에 붙었다. 여왕은 그것이 왕거인(王居人)의 소행이라 하여 그를 옥에 가두었는데, 자신의 무고함을 시(詩)로 지어 하늘에 호소하니 갑자기 벼락이 쳐 옥문을 부수었다 한다.

102. 지극함은 곧 평범함으로 간다.

> 문장이 주도극처하면 무유타기요 지시흡호며,
> 文章이 做到極處하면 無有他奇요 只是恰好며,
> 인품이 주도극처하면 무유타이요 지시본연이라.
> 人品이 做到極處하면 無有他異요 只是本然이라.

● 해석(解釋)

　문장이 극치에 이르면 별다른 기묘함이 있는 것이 아니라 단지 잘 어울리게 되고, 인물이 극치에 도달하면 별달리 기이함이 있는 것이 아니라 단지 본연의 모습이 된다.

● 해설(解說)

  좋은 문장은 별나게 기이하거나 꾸민 것이 아니라 다만 여러 가지 요소가 잘 어울려야 하며, 인품이 훌륭한 사람은 기이한 재능이 있는 사람이 아니고 본성을 잃지 않는 자를 말한다.

103. 세상 모든 것이 허상이면 만물은 하나다.

이 환 적 언 하 면 무 론 공 명 부 귀 하 고
以幻迹言하면 無論功名富貴하고
즉 지 체 도 역 속 위 형 이 요 ,
卽肢體도 亦屬委形이요,
이 진 경 언 하 면 무 론 부 모 형 제 하 고
以眞境言하면 無論父母兄弟하고
즉 만 물 이 개 오 일 체 니 ,
卽萬物이 皆吾一體니,
인 능 간 득 파 하 고 인 득 진 하 면 재 가 임 천 하 지 부 담 하 고
人能看得破하고 認得眞하면 纔可任天下之負擔하고
역 가 탈 세 간 지 강 쇄 니 라 .
亦可脫世間之韁鎖니라.

● 해석(解釋)

  환상적인 현상으로 말하면 공명, 부귀를 논할 것 없이 신체 역시 빌린 형체에 속하며 진경으로 말하면 부모, 형제를 막론하고 만물이 모두 나와 한 몸이다. 사람이 이런 것을 간파(看破)하고 진경을 터득

해야 겨우 천하의 부담을 맡을 수가 있고 세상의 속박에서도 벗어날 수 있다.

● 해설(解說)

부귀, 공명은 한 때의 봄꿈과 같은 것이지만 부모, 형제 등 사람과의 인륜은 변함이 없는 진리이다. 이런 이치를 터득하여 참된 것을 얻어야만 비로소 천하의 한 몫을 부담할 수 있고 세상의 속박에서 벗어날 수 있다.

104. 즐거운 모든 것은 절반에서 그치게 하라.

> 상구지미는 개난장부골지약이니 오분이면 변무앙이요,
> 爽口之味는 皆爛腸腐骨之藥이니 五分이면 便無殃이요,
> 쾌심지사는 실패신상덕지매니 오분이면 변무회니라.
> 快心之事는 悉敗身喪德之媒니 五分이면 便無悔니라.

● 해석(解釋)

입을 시원하게 하는 음식은 모두 창자를 썩게 하고 뼈를 상하게 하는 약이니 반쯤만 먹으면 아무 탈이 없을 것이요, 마음에 상쾌한 일은 모두 몸을 망치고 덕을 해치는 매개체이니 반쯤만 하면 후회가 없다.

● 해설(解說)

　모든 일을 너무 시원하게 처리해서는 안 된다. 특히 대인 관계에 있어서는 더욱 그렇다.

　중종 때에 이자(李耔), 남곤(南袞), 한충(韓忠) 세 사람이 중국에 함께 사신을 갔다. 그런데 도중에서 남곤이 병이 나 사경을 헤매게 되었다. 평소 남곤의 간사한 형상을 잘 아는 한충은,

　"이런 간사한 자를 살려 두면 앞으로 무슨 짓을 할지 모르니 죽게 내버려 두자."

　하였는데, 이자는

　"이런 간흉은 죽어도 아까운 것이 없지만 만 리 먼 이국에서 함께 고생한 점이 있으니 우선 살리고 보아야 한다."

　하였다. 그 후 과연 남곤은 기묘사화를 일으켜 많은 선비들을 죽였는데, 한충은 매를 맞아 죽었으나 이자는 남곤의 도움으로 목숨을 건졌다.

105. 남의 허물, 비밀, 과오는 잊어라.

불책인소과하고　불발인음사하며　불념인구악하라.
不責人小過하고 不發人陰私하며 不念人舊惡하라.
삼자는　가이양덕하고　역가이원해니라.
三者는 可以養德하고 亦可以遠害니라.

● 해석(解釋)

　다른 사람의 작은 허물을 꾸짖지 말고, 다른 사람의 비밀을 들추어내지 말며, 남의 지난날 악을 마음에 두지 말라. 이 세 가지를 실천하면 덕을 기를 수 있고 또 해를 멀리할 수 있다.

● 해설(解說)

　남의 허물을 잘 발설하는 사람은 적이 많다. 남이 자신에게 저지른 악을 잊기도 쉬운 일은 아니나 그렇다고 마음에 새겨 두어 복수를 꾀하면 자신도 같은 류의 사람이 되고 만다.

106. 몸가짐은 무겁게, 마음가짐은 가볍게 하라.

사군자는 지신을 불가경이니
士君子는 持身을 不可輕이니
경즉물능요아하여 이무유한진정지취요,
輕則物能撓我하여 而無悠閒鎭定之趣요,
용의를 불가중이니
用意를 不可重이니
중즉아위물니하여 이무소쇄활발지기라.
重則我爲物泥하여 而無瀟洒活潑之機라.

● 해석(解釋)

　사군자는 몸가짐을 경솔히 해서는 안 된다. 몸가짐을 경솔하게 하면 남이 나를 흔들어 한가로이 진정하는 맛이 없다. 마음 씀을 너무 무겁게 해서는 안 되니, 무거우면 내가 남에게 구속을 당하여 시원하고 활발한 기틀이 없게 된다.

● 해설(解說)

　몸가짐은 처세의 가장 기본적인 요건이다. 경솔한 한 번의 실수로 평생을 후회하며 남의 비난을 받고 살아야 하는 경우도 있다.

107. 천지는 영원하되 삶은 유한하다.

天地는 有萬古나 此身은 不再得이요
人生은 只百年이나 此日은 最易過라.
幸生其間者는 不可不知有生之樂하고
亦不可不懷虛生之憂라.

● 해석(解釋)

　천지는 만고토록 있지만 이 몸은 다시 태어날 수 없고, 인생은 겨우 백년뿐인데 오늘은 아주 빨리 지나간다. 다행히 그 사이에 살고 있는 자는 살아 있다는 즐거움을 알지 못해서는 안 될 것이요, 또 허송하며 사는 걱정을 품지 않아서도 안 된다.

● 해설(解說)

　영원한 천지에 비해 내 일생은 짧고 다시 되돌릴 수가 없다. 1백 년도 못 사는 인생에 있어 하루, 한 시간의 의미는 크다. 허송하는 것도 안 되지만 삶의 의미를 깨닫고 즐거움을 누리는 것이 중요하다. 여기에서 말하는 즐거움이란 외형적인 향락을 말하는 것이 아니라, 죽을 때에 후회 없는 값있는 삶을 누리는 즐거움일 것이다.

108. 은혜와 원한을 모두 없게 하라.

> 원인덕창이라 고로 사인덕아로는 불약덕원지양망이요,
> 怨因德彰이라 故로 使人德我로는 不若德怨之兩忘이요,
> 구인은립이라 고로 사인지은으로 불약은구지구민이라.
> 仇因恩立이라 故로 使人知恩으로 不若恩仇之俱泯이라.

● 해석(解釋)

　원망은 은혜로 인하여 드러난다. 그러므로 남으로 하여금 나를 은덕스럽게 여기게 하는 것은 덕과 은혜 모두를 잊게 하는 것만 못하다. 원수는 은혜로 인하여 생긴다. 그러므로 남이 나의 은혜를 알게 하는 것은 은혜와 원수를 모두 없애버리게 함만 못하다.

● 해설(解說)

　은혜를 원수로 갚는 예는 고금을 통하여 흔히 있는 일이다. 중종 때 정승을 지낸 안당의 집안은 송사련(宋祀蓮)이란 인물의 모함에 의해 멸문의 화를 당하였다. 송사련은 안당의 아버지가 늦게 둔 첩이 데리고 온 딸의 자식이었다. 본래 후덕하기로 이름난 안당은 불우한 송사련을 한집안 식구처럼 여기며 돌보았었다. 그런데 안당의 아들 처겸(處謙)이 심정(沈貞)등에게 좋지 않은 감정을 품고 있음을 알고는 역적모의를 한다고 무고하여 마침내 안당 일가는 멸문의 화를 당했던 것이다.

109. 번성했을 때 조심함을 잃지 말라.

老來疾病은 都是壯時招的이요
衰後罪孼은 都是盛時作的이라.
故로 持盈履滿을 君子尤兢兢焉이라.

● 해석(解釋)

　늘그막의 질병은 모두가 젊었을 때에 부른 것이요, 노쇠한 후의 재앙은 모두 젊었을 때에 지은 것이다. 그러므로 가득 찬 것을 지니고 누릴 때를 군자는 더욱 조심한다.

● 해설(解說)

  늘그막의 질병은 대개 젊었을 때 건강관리를 잘못해서 생기게 마련이며, 권세에서 밀려난 후에 입은 죄과는 모두 한참 권력을 휘두를 때 저지른 것들이다. 그러므로 군자는 노후의 건강을 위해 젊었을 때부터 조심해야 하며, 권세가 성할 때에 죄를 짓지 않도록 조심해야 한다.

110. 새 벗을 사귐보다 옛정을 두터이 하라.

시사은은 불여부공의요 결신지는 불여돈구호며,
市私恩은 不如扶公議요 結新知는 不如敦舊好며,
입영명은 불여종은덕이요 상기절은 불여근용행이라.
立榮名은 不如種隱德이요 尙奇節은 不如謹庸行이라.

● 해석(解釋)

  사사로운 은혜를 파는 것은 공적인 의논을 부지하는 것만 못하고, 새로운 친구를 사귀는 것은 옛 친구와 우의를 돈독히 하는 것만 못하다. 영예로운 이름을 얻는 것은 몰래 덕을 심는 것만 못하고, 특이한 절개를 숭상하는 것은 예사로운 행실을 삼가는 것만 못하다.

● 해설(解說)

  중종 때 윤원형(尹元衡)은 왕후의 오라비로 권세를 쥐고 사사로운 은혜를 많이 베풀었다. 한번은 어떤 사람이 누에고치를 많이 바치고는 벼슬을 구했는데 그 후 벼슬을 임명하는 날이었다. 서기가 꾸벅꾸벅 졸고 있는 윤원형에게 마지막 남은 한 자리에 누구를 임명하는 것이 좋겠느냐고 물었다. 그러자 윤원형은 얼른 그 고치를 바친 사람의 이름이 생각나지 않자 '고치, 고치'라고 중얼 거리고는 다시 잠이 들었다. 서기가 임명장을 주려고 고치라는 사람을 찾았으나 그런 사람이 있을 까닭이 없었다. 그래서 전국에서 수소문한 끝에 먼 시골에서 고치(高致)라는 선비를 찾아낼 수 있었다. 나중에야 일이 잘못된 줄을 알았으나 윤원형은 그런 내색을 할 수가 없었다.

111. 권력과 사욕에 발들이지 마라.

公平正論은 不可犯手니 一犯則貽羞萬世하고,
權門私竇는 不可著脚이니 一著則點汚終身이라.

● 해석(解釋)

공평하고 올바른 의논에는 반대하지 말아야 하니, 한 번 반대하면 만세도록 부끄러움을 남긴다. 권세 있는 사람의 사사로운 소굴에는 발을 들여 놓지 말라. 한 번 발을 들여 놓으면 평생 동안 몸을 더럽힌다.

● 해설(解說)

　권문세가(權門勢家)와 친해 두는 것이 출세의 지름길임에는 틀림없지만 점잖은 사람은 부끄러워 그런 짓을 하지 않는다.

　중종 때 정희등(鄭希登)은 그의 아버지 정구(鄭絿)가 기묘사화에 화를 입자 거짓 불구자 노릇을 하며 살았다. 그가 벼슬을 하고 있을 때 아내가 죽자 당시의 권신(權臣)인 김안로(金安老)가 자기 딸을 주어 사위로 맞으려 하였다. 그러자 정희등은 "내 차라리 평생 장가를 들지 않을지언정 어찌 권신의 사위가 되겠는가?" 하며 거절해 미움을 샀는데, 뒤에 김안로가 조정에서 쫓겨나자 그제야 벼슬이 올랐다.

112. 선행 없는 칭찬받지 말라.

> 곡의이사인희는 불약직궁이사인기하고,
> 曲意而使人喜는 不若直躬而使人忌하고,
> 무선이치인예는 불약무악이치인훼니라.
> 無善而致人譽는 不若無惡而致人毁니라.

● 해석(解釋)

　자신의 뜻을 굽혀서 남을 기쁘게 하는 것은 자신을 바르게 하여 남들이 꺼리게 하는 것만 못하고, 선한 일도 없이 남들의 칭찬을 받는 것은 악한 일 없이 남의 헐뜯음을 받는 것만 못하다.

● 해설(解說)

　맹자는 남에게 어깨를 으쓱거리며 아첨하는 것이 오뉴월 뙤약볕에 김매는 일보다 더 어렵다고 하였다. 그러니 차라리 자신의 처신을 옳게 하다 남에게 미움을 받는 것이 나으며, 실제보다 과장된 명예는 차라리 잘못이 없으면서 남의 비난을 받는 것보다도 못하다.

113. 친구의 잘못은 마땅히 충고하라.

> 처부형골육지변하면　의종용하고　불의격렬하며,
> 處父兄骨肉之變하면 宜從容하고 不宜激烈하며,
> 우붕우교유지실하면　의개절하고　불의우유니라.
> 遇朋友交遊之失하면 宜剴切하고 不宜優游니라.

● 해석(解釋)

　부모, 형제 같은 골육의 변을 당하면 조용히 해야지 격렬하게 해서는 안 되며, 친구의 우정에 잘못이 있는 것을 보았거든 간절하게 충고 해야지 우물쭈물해서는 안 된다.

● 해설(解說)

　친구 사이에는 책선(責善)하는 도리가 있다. 즉 친구의 나쁜 점을 보면 모른 체하지 말고 선한 길로 이끌어주는 것이 도리이다.

114. 대장부는 자포자기 하지 않는다.

> 소처에 불삼루하고 암중에 불기은하며
> 小處에 不滲漏하고 暗中에 不欺隱하며
> 말로에 불태황하면 재시개진정영웅이라.
> 末路에 不怠荒하면 纔是個眞正英雄이라.

● 해석(解釋)

　작은 일에도 물샐 틈이 없고 어두운 곳에서 자신을 속이지 않으며, 말년에 게으르지 않으면 이는 참다운 영웅이라 할 것이다.

● 해설(解說)

　하찮은 일에 치밀한 사람이 큰일을 그르칠 리 없으며, 어두운 곳에서 속이지 않는 사람이 밝은 곳에서 속일 리 없고, 만년까지 부지런한 사람은 젊어서 더욱 노력했을 것이다. 이런 사람이야말로 흠잡을 데 없는 영웅이라 할 것이다.

115. 한 끼의 밥으로도 평생의 은혜를 만든다.

> 천금도 난결일시지환이요 일반도 경치종신감이니
> 千金도 難結一時之歡이요 一飯도 竟致終身感이니
> 애중반위구요 박극번성희야라.
> 蓋愛重反爲仇요 薄極翻成喜也라.

● 해석(解釋)

　천금으로도 한 때의 환심을 사기가 어려우나 한 끼의 밥은 마침내 평생토록 감사함을 느끼게 한다. 대개 사랑이 지나치면 도리어 원수가 되기 쉽고, 박대가 심함이 도리어 기쁨이 되기도 한다.

● 해설(解說)

　영조(英祖) 때 사람 이사관(李思觀)이 충청도 관찰사가 되어 내려가다 여관에서 잠을 자는데 날씨가 매우 추웠다. 그 때 가난한 선비 하나가 서너 살쯤 되어 보이는 딸과 함께 여관으로 들어오는데 보니 옷이 변변치 못해 어린 아이가 추위에 지쳐 있었다. 이사관은 그 선비를 불러 자신이 입고 있던 수달피 덧옷을 벗어 그 아이를 덮어주라고 했다. 그 후 많은 세월이 흘러 그 여자 아이가 자라 영조의 계비인 정순왕후(貞純王后)가 되었다. 영조는 왕비의 집이 가난했던 점을 생각하고 하루는 왕비에게 물었다.

　"혹시 기억에 남는 은인이 있으면 말하시오. 내가 왕비를 위해 은혜를 갚아 주겠소."

　그러자 왕비는 이사관의 일을 들려주었다. 그래서 이사관은 영조의 기림을 받아 마침내 좌의정까지 오를 수 있었다. 작은 은혜가 큰 보답을 받은 것이다.

116. 드러내지 않음으로 자신을 보호하라.

> 장교어졸하고 용회이명하며 우청우탁하고
> 藏巧於拙하고 用晦而明하며 寓淸于濁하고
> 이굴위신하면 진섭세지일호요 장신지삼굴야라.
> 以屈爲伸하면 眞涉世之一壺요 藏身之三窟也라.

● 해석(解釋)

　교묘한 재능은 못난 듯이 감추며 어둠을 이용하여 밝게 하고, 맑음을 혼탁한 데 붙이고 굽힘으로써 펴는 방도를 삼으면, 참으로 세상을 살아가는 데 한 방편이 되며 몸을 감추는 은신처가 된다.

● 해설(解說)

　재능을 어수룩한 듯 감추고, 어두움으로써 밝게 하며, 맑음을 탁한 데 붙이고, 남에게 꿇리는 듯하면서 뜻을 펴는 것이 처세의 한 방법이다. 너무 똑똑한 사람이 결과에 있어서는 어리석어 보이는 사람에게 지는 일이 많다. 이는 자신의 재능을 너무 드러낸 소치로 적을 많이 만들기 때문이다.

　조선 말엽 대원군 이하응(李昰應)은 자신의 아들을 즉위시키기 위해 파락호(破落戶) 생활을 하며 지냈다. 그래서 당시 권세를 잡고 있던 안동 김 씨들에게 갖은 모욕을 받으면서도 꾹 참고 견디어 마침내 그가 폐인이나 다름없어 그의 아들을 즉위시켜도 섭정을 할 걱정이 없을 것이라는 판단을 내리게 하는데 성공할 수 있었다. 재능을 감추고 남에게 무릎을 꿇으면서까지 목적을 성취한 대원군이야말로 큰 야망가였던 것이다.

117. 흥성할 때 쇠퇴함을 대비하라.

쇠삽적경상은 취재성만중하고
衰颯的景象은 就在盛滿中하고
발생적기함은 즉재영락내라.
發生的機緘은 卽在零落內라.
고로 군자는 거안엔 의조일심이려환하고
故로 君子는 居安엔 宜操一心以慮患하고
처변엔 당견백인이도성이라.
處變엔 當堅百忍以圖成이라.

● 해석(解釋)

쓸쓸한 모습은 번성한 가운데 있고, 자라는 움직임은 바로 영락한 가운데 있다. 그러므로 군자는 편안하게 있을 때는 한결같은 마음으로 환난을 염려하고, 변란을 당해서는 마땅히 굳게 백 번 참으면서 성공하기를 도모해야 한다.

● 해설(解說)

한창 무성하면 곧 시들리라는 것을 알아야 하고, 시들어 꽃이 지면 곧 무성해지리라는 것을 알아야 한다. 그러므로 군자는 편안할 때 환난을 걱정해야 하고, 변란을 당해서는 꾹 참으며 성공을 기약

해야 한다.

118. 참된 것은 일상생활 속에 있다.

> 경기희이자는 무원대지식하고
> 驚奇喜異者는 無遠大之識하고
> 고절독행자는 비항구조니라.
> 苦節獨行者는 非恒久操니라.

● 해석(解釋)

　기이한 것에 경탄하고 별난 것을 좋아한 자는 원대한 식견이 없고, 괴롭게 절조를 지키고 홀로 자기 길만을 걷는 자는 항구적인 지조가 아니다.

● 해설(解說)

　기이한 것을 보고 놀라는 것은 식견이 짧아서 그런 것이며, 너무 괴로울 정도로 절개를 지키며 홀로의 길을 가는 사람은 마치 험한 고갯길을 단숨에 오르려는 것과 같아서 오래 그 절개를 지키지 못하고 중도에서 변절하게 된다.

119. 욕망과 분노는 대담히 끊어라.

當怒火欲水가 正騰沸處하여 明明知得하고
又明明犯著하니 知的是誰며 犯的又是誰오?
此處에 能猛然轉念하면 邪魔便爲眞君矣니라.

● 해석(解釋)

　분노의 불길과 욕망의 물결이 들끓는 때를 당하여 분명하게 이를 알고도 또 분명하게 범하니, 아는 것은 누구이며 범한 자는 또 누구인가? 이럴 때에 급히 마음을 돌리면 사악한 악마 같은 마음이 참다운 본연의 마음이 될 것이다.

● 해설(解說)

　화가 치밀어 견디지 못할 때에 이래서는 안 된다는 것을 알면서도 폭발시키고 마니 이는 나의 수양이 부족한 탓이다. 이럴 때에 맹렬하게 반성하면 사악한 마음이 사라지고 본연의 착한 내 심성으로 돌릴 수가 있다.

120. 나의 장점으로 남의 단점을 들추지 마라.

무편신이위간소기하고 무자임이위기소사하며
毋偏信而爲奸所欺하고 毋自任而爲氣所使하며
무이기지장이형인지단하고
毋以己之長而形人之短하고
무인기지졸이기인지능하라.
毋因己之拙而忌人之能하라.

● 해석(解釋)

편벽되게 한쪽만 믿어서 간사한 사람에게 속임을 당하지 말고, 자기 마음대로 하여 객기의 부림을 당하지 말며, 자기의 장점으로써 남의 단점을 드러내지 말고, 자신이 못하는 것으로 인하여 다른 사람의 능력을 꺼려하지 말라.

● 해설(解說)

한쪽 말만 너무 믿으면 속아서 후회할 일을 저지르게 된다. 고구려 호동왕자(好童王子)는 얼굴이 잘생긴데다가 용맹하여 대무신왕(大武神王)의 사랑을 받았다. 그러자 원비(元妃)가 자기 소생이 왕위에 오르지 못할까 염려하여 갖가지로 호동을 모함하기 시작했다. 호동이 낙랑을 쳐 승리를 거두고 돌아와서 왕의 신임이 크게 두터워진 것을 보고서 더욱 몸이 닳아 오른 원비는 이렇게 모함했다.

"호동이 저를 욕보이려 하고 있습니다."

대무신왕은 원비의 말을 곧이곧대로 듣고 호동에게 죽으라고 명하니, 호동은 변명 한 마디 하지 않고 자결하고 말았다. 어떤 사람이 호동에게 왜 변명하지 않느냐고 묻자 호동은,

"내가 변명하면 어머니의 허물을 드러나게 하니 아버지의 마음이 편하겠는가." 하였다.

121. 남의 단점은 덮어줘야 한다.

인지단처는 요곡위미봉이니
人之短處는 要曲爲彌縫이니
여폭이양지하면 시는 이단공단이요.
如暴而揚之하면 是는 以短攻短이요,
인유완적이면 요선위화회니
人有頑的이면 要善爲化誨니
여분이질지면 시는 이완제완이라.
如忿而疾之면 是는 以頑濟頑이라.

● 해석(解釋)

남의 단점은 굽혀서 감추어주어야 하니, 만일 그것을 드러내어 들추면 이는 자신의 단점으로 남의 단점을 공격하는 것이요, 남에게 완악함이 있으면 잘 타일러 깨우쳐 주어야지, 만일 성을 내고 미워하면 이는 완악함으로써 완악함을 구제하려는 것이다.

● 해설(解說)

남의 단점은 감추어 주어야지 함부로 드러내면 자신도 마찬가지

잘못을 저지른다. 공자(孔子)의 제자 한 사람이 다리를 저는 사람을 보고는, '저 사람은 다리 하나가 짧다'라고 하니, 공자는 정색을 하며 이렇게 말했다 한다.

"네 눈에는 다리 하나가 짧게 보이느냐? 이왕이면 다리 하나가 길다고 하는 것이 좋지 않겠느냐?"

남의 단점보다는 장점을 찾기에 힘쓰라는 이야기이다.

122. 음침한 사람에게는 마음을 열지 말라.

> 우침침불어지사어든 차막수심하고,
> 遇沈沈不語之士어든 且莫輸心하고,
> 견행행자호지인이어든 응수방구하라.
> 見悻悻自好之人이어든 應須防口하라.

● 해석(解釋)

침묵을 지키고 말을 하지 않는 선비를 만나거든 마음을 털어놓지 말고, 성을 내며 자애(自愛)하는 사람을 만나거든 말을 조심하라.

● 해설(解說)

음험하게 속마음을 내보이지 않는 사람을 상대하여 자신의 속마음만 드러내 보이면 어떤 해가 닥칠지 모르며, 화를 잘 내며 잘난 척하는 사람에게는 입 조심을 해야 한다. 예나 지금이나 처세를 잘하는 사람들은 항상 입을 조심하며 살았다. 폭군 연산군은 자신의 음란한 행실을 두고 사람들이 수군거리는 것을 알자, 모든 관원들에게 이런 패를 차고 다니게 했다니 우습다.

'입은 화를 부르는 입이요, 혀는 자신을 죽이는 칼이다. 입을 다물고 혀를 깊이 간수해야 몸이 편할 것이다.'

123. 긴장된 마음은 풀 줄 알아야 한다.

염두혼산처엔 요지제성하고
念頭昏散處엔 要知提醒하고
염두끽긴시엔 요지방하하라.
念頭喫緊時엔 要知放下하라.
불연이면 공거혼혼지병이라도 우래동동지요의라.
不然이면 恐去昏昏之病이라도 又來憧憧之擾矣라.

● 해석(解釋)

마음이 어둡고 산란할 때에는 정신을 바짝 차릴 줄 알아야 하고, 마음이 긴장될 때에는 늦출 줄을 알아야 한다. 그렇지 않으면 마음의 어두운 우울증이 없어지더라도 또다시 조바심이 나게 될까 염려된다.

● 해설(解說)

마음이 혼란하면 바짝 정신을 차려 일을 그르치는 일이 없어야 하고, 너무 긴장될 때에는 긴장을 풀고 평정한 마음을 가져야 한다. 그렇지 않으면 우울증이 가시자마자 다시 조바심이 나게 될 것이다. 우울증이나 긴장감은 모두 정신 건강뿐만 아니라 육체의 건강에도 해를 끼치므로 항상 마음의 평정을 유지하기에 힘써야 한다.

124. 작은 막힘이 한결 같은 흐름을 막는다.

제 일 청 천 도 숙 변 위 신 뢰 진 전 하 고
霽日靑天도 倏變爲迅雷震電하고
질 풍 노 우 도 숙 변 위 랑 월 청 공 하 니 기 기 하 상 이 리 오?
疾風怒雨도 倏變爲朗月晴空하니 氣機何常이리오?
일 호 응 체 니, 태 허 하 상 이 리 오? 일 호 장 색 이 라,
一毫凝滯니, 太虛何常이리오? 一毫障塞이라,
인 심 지 체 도 역 당 여 시 라.
人心之體도 亦當如是라.

● 해석(解釋)

맑게 갠 푸른 하늘도 잠깐 사이에 천둥번개가 치고, 거센 바람과 세찬 비가 내리다가도 갑자기 달 밝은 맑은 하늘이 되니, 그 작용이 어찌 일정하겠는가? 털끝에도 엉기고 막히니 하늘이 어찌 한결같겠는가? 털끝에도 막히는 것이니 사람 마음의 바탕도 역시 이와 같은 것이다.

● 해설(解說)

　말짱하게 갠 하늘에서 갑자기 천둥 번개가 치고, 그러다가 다시 언제 그랬느냐는 듯 개이니, 어찌 일정하기를 바라겠는가? 하늘도 그러한데 더군다나 사람의 마음은 오죽하겠는가? 상대방의 기분이 좋다 하여 허물없이 대하가다는 언제 그 사람의 마음이 변할지 모르는 일이다.

125. 지식과 의지는 함께 있어야 한다.

승사제욕지공은 유왈「식부조면 역불이자」하고,
勝私制欲之功은 有日「識不早면 力不易者」하고,

유왈「식득파라도 인불과자」하니
有日「識得破라도 忍不過者」하니

개식은 시일과조마적명주요
蓋識은 示一顆照魔的明珠요

역은 시일파참마적혜검이니 양불가소야라.
力은 是一把斬魔的慧劍이니 兩不可少也라.

● 해석(解釋)

　사사로운 욕심을 이기고 제압하는 공부에 대해 어떤 사람은 말하기를 '일찍 알아차리지 못하면 힘써 노력하기가 쉽지 않다'라 하였고, 어떤 사람은 '알아차려 깨뜨리더라도 참는 힘이 모자란다'라고 하였으니, 대개 알아차리는 것은 악마를 비추는 한 알의 밝은 구슬이요, 힘이란 악마를 베는 지혜의 칼이니 이 두 가지를 모두 무시해서는 안 된다.

● 해설(解説)

　사욕을 눌러 이기기란 쉽지 않아서 어떤 사람은 일찍 알아차리지 못하면 억제하기가 어렵다고 하고, 어떤 사람은 이를 알아차리더라도 참아내기가 어렵다고 말한다. 알아차리는 것은 욕심을 비추는 거울이며 그걸 이기는 것은 그 욕심을 베는 칼이니 이 두 가지가 없어서는 안 된다.

126. 알아도 표현하지 말라.

> 각인지사라도 불형어언하고
> 覺人之詐라도 不形於言하고
> 수인지모라도 부동어색하면
> 受人之侮라도 不動於色하면
> 차중에 유무궁의미하여 역유무궁수용이라.
> 此中에 有無窮意味하여 亦有無窮受用이라.

● 해석(解釋)

　남이 속이는 것을 알더라도 말로 나타내지 말고, 남에게 모욕을 받더라도 얼굴색을 변치 않는다면 이 가운데 무궁한 뜻이 있고 또 무궁한 수용이 있다.

● 해설(解說)

　남에게 속임을 당하거나 모욕을 당했다 하여도 복수를 하지 않는 것이 마음이 편하다.

　선조 때 영의정을 지낸 노수신(盧守愼)은 이름 그대로 항상 몸가짐을 잘 지키기로 유명하였다. 재상이 되었으면 더러 싫은 소리도 해야 하는 법인데 항상 입을 다물고 말이 없으니 당시 사람들이 '노 재상의 침은 종기의 약이 될 것이다'라고 하였는데, 말을 하지 않은 새벽의 침은 종기에 좋다고 생각했기 때문이다. 그가 한때 진도(珍島)로 귀양을 갔는데, 그곳 수령 홍인록(洪仁祿)의 괄시가 심했다. 죄인에게 쌀밥을 먹여서는 안 된다며 일부러 그 고장에서 생산되지 않은 조를 구해다 먹이는 등 원수 보듯 하였다. 얼마 후 귀양에서 풀려 조정에 돌아온 노수신은 재상이 되었는데, 홍인록이 죄를 입어 파면을 당하게 되었다. 노수신은 그의 허물을 변명해 주고 파면 대신 풍천부사로 승진을 시켜 주었다.

127. 고난을 피하지 말고 이겨내라.

橫逆困窮은 是煅煉豪傑的一副鑢錘니
能受其煅煉하면 則身心交益하고
不受其煅煉하면 則身心交損이라.

● 해석(解釋)

　역경에 처하고 곤궁하게 지내는 것은 호걸을 단련시키는 한 벌의 용광로와 망치이니, 그 단련을 잘 이겨 내면 그 몸과 마음이 모두 이로울 것이요, 그 단련을 이겨 내지 못하면 몸과 마음이 모두 손상될 것이다.

● 해설(解說)

　영웅호걸에게는 하늘이 일부러 시련을 주어 큰 그릇을 만든다. 그 단련을 이겨 내면 심신에 도움이 되지만 그렇지 못하면 손상을 입을 뿐이다.

　선조 때 대제학을 지낸 심희수(沈喜壽)는 일찍 아버지를 여의고 편모슬하에서 가난하게 살았다. 성격은 호탕하였으나 공부를 하지 못해 파락호 생활을 하면서 남의 비웃음을 받으며 청년 시절을 허송하였다. 하루는 어느 재상집에 잔치가 열린다는 말을 듣고 초청을 받지 않은 몸으로 쑥 들어갔으니 반길 사람이 있을 리 없다. 연회에 있던 기녀들조차 초라한 행색을 보고 킬킬거리며 옆에 오기를 꺼려했다. 그때 일타홍이란 기생이 그의 곁으로 와 은근히 수작을 펴면서 연회가 끝나면 집으로 찾아갈 터이니 기다려 달라는 것이었다. 그녀는 약속대로 찾아와 심희수의 어머니에게 절을 올린 후 당분간 며느리 노릇을 하며 심희수의 공부를 돌보겠다고 자청하였다. 일타홍은 심희수에게 이렇게 말했다.

　"양반집 자제로 어찌 장안의 웃음거리가 되는 생활로 일생을 마치려 합니까? 지금부터 공부에만 열중하여 집안을 다시 세우셔야 합니다."

그래서 심희수는 그날부터 학업에 전념하여 마침내 과거에 급제, 벼슬길에 오를 수 있었다. 일타홍은 그제야 정부인 맞기를 권하고는 얼마 후 세상을 떠났다.

128. 감정을 다스림이 화목을 이루는 길이다.

오신은 일소천지야라 사희노불건하고
吾身은 一小天地也라 使喜怒不愆하고
호오유칙이면 변시섭리적공부요
好惡有則이면 便是燮理的功夫요
천지는 일대부모야라 사민무원자하고
天地는 一大父母也라 使民無怨咨하고
물무분진이면 역시돈목적기상이라.
物無氛疹이면 亦是敦睦的氣象이라.

● 해석(解釋)

내 몸은 하나의 작은 천지이다. 기뻐하고 성냄에 허물이 없게 하고 좋아하고 미워함에 법도가 있게 하면 이는 몸을 조화 있게 다스리는 공부가 될 것이다. 천지는 하나의 큰 부모이다. 백성들로 하여금 원망하는 탄식이 없게 하고 만물에 병 되는 일이 없게 하면 이 역시 화목을 두터이 하는 기상일 것이다.

● 해설(解說)

　내 몸뚱이는 작은 우주에 비교할 수 있다. 좋아하고 싫어함에 법도가 있으면 조화를 잃지 않을 것이며, 천지는 우리를 감싸주는 부모이니, 거기에 붙여 사는 사람이나 사물을 잘 돌보아주는 것이 화목한 기상이다.

129. 남이 속일 것을 미리 의심하지 말라.

「해인지심은 불가유요 방인지심은 불가무라」하니
「害人之心은 不可有요 防人之心은 不可無라」하니
차는 계소어려야라.
此는 戒疎於慮也라.
「영수인지기언정 무역인지사라」하니
「寧受人之欺언정 毋逆人之詐라」하니
차는 경상어찰야라. 이어병존하면 정명이혼후의라.
此는 警傷於察也라. 二語竝存하면 精明而渾厚矣라.

● 해석(解釋)

　'남을 해치려는 마음을 가져서는 안 되며, 남의 해를 막으려는 마음은 없어서는 안 된다'라 하니 이는 생각이 소홀함을 경계하는 말이다. '남에게 속임을 당할지라도 남이 속일 것을 미리 생각하지 말라' 하였으니 이는 지나치게 살피는 데에 잘못이 있을까를 경계한 말이다. 이 두 가지 말을 아울러 가지면 생각이 정명해지고 혼후하게 된다.

● 해설(解說)

　남을 해칠 마음은 가져서는 안 되지만 남이 자신을 해치려는 마음은 예방해야 하며, 남에게 속임을 당할지라도 남이 나를 속일 것이라고 의심해서는 안 된다. 마음이 순진한 사람은 속임을 당하기가 쉽다.
　숙종 때 대제학을 지낸 김진규(金鎭圭)는 인정이 많아 남에게 속기를 잘했다. 하루는 과거 시험관으로 차출되어 올라가는데 길에서 한 선비를 만났다. 그 선비는 말을 타고 앞서 가면서 책을 열심히 읽으며 가는 것이었다. 객점에 들어 김진규가 인사를 나누고 사정을 물어보니 자신의 딱한 처지를 늘어놓았다.
　"늙으신 부모님 봉양을 위해 여러 차례 과거를 보았으나 시험장에 들어가면 가슴이 떨려 글씨를 제대로 쓰지 못해 매번 떨어지고 말았습니다. 이제 나이가 들어 기억력마저 떨어져 그 동안 지어둔 글을 읽던 참입니다."
　김진규가 보니 그의 작품이 모두 훌륭한데다가 글씨도 잘 썼다. 그래서 이름을 기억해 두었다가 합격을 시켜주었다. 그 후 합격자들이 찾아와 인사를 하기에 축하해 주었다.
　"그래 연로하신 부모님께서 얼마나 반가워하시겠는가?"
　그러자 선비는 꿇어앉으며 이렇게 말했다.
　"제가 그 때 드린 말씀은 모두 거짓이었습니다. 부모님은 계시지도 않고 이번 처음 응시하였다가 합격한 것인데, 저는 처음부터 대감께서 시관이신 걸 알고 있었습니다."
　그 말에 김진규도 따라 웃을 수밖에 없었다.

130. 공론을 사사로이 이용하지 말라.

> 무인군의이조독견하고 무임기의이폐인언하며,
> **毋人群疑而阻獨見**하고 **毋任己意而廢人言**하며,
> 무사소혜이상대체하고 무차공론이쾌사정하라.
> **毋私小惠而傷大體**하고 **毋借公論以快私情**하라.

● 해석(解釋)

여러 사람이 의심함으로 인하여 자기의 견해를 굽히지 말고 자기의 의견에 따라 남의 말을 폐기하지 말며, 사사로운 작은 은혜 때문에 대체를 그르치지 말며 공론을 빌어서 개인적인 감정을 풀지 말라.

● 해설(解說)

여러 사람이 의심한다고 해서 사실 여부를 모른 체 덩달아 의심해서는 안 되며, 자기의 뜻에 맞지 않는다 해서 남의 말을 막아서는 안 된다. 작은 은혜를 입은 사실이 있다 하여 큰일을 그르쳐서는 안 되고, 여론을 빙자해 자신의 분풀이를 해서는 안 된다.

유호인(兪好仁)은 시와 문장에는 재주가 뛰어났으나 백성을 다스릴 줄은 몰랐다. 그런데 늙은 어머니를 봉양하기 위해 산음 현감으로 내보내 달라는 청을 성종께 올렸다. 성종은 그의 청을 거절할 수가 없어 산음 현감에 임명하고는 그곳 감사에게 비밀히 알렸다.

"유호인은 나의 시(詩) 친구이다. 백성을 잘 다스리지 못할 터이니 그대가 잘 보아주기 바란다."

그런데 그 감사는 얼마 후 유호인을 파직하고 말았다. 성종이 괘씸하여 물으니, 감사는 이렇게 대답했다.

"유호인이 정사에는 힘을 쓰지 않고 날마다 시나 지으면서 소일하니, 그런 수령을 어디에다 쓰겠습니까?"

성종은 할 말이 없어 다시 서울로 불러 다른 벼슬을 시켰다.

131. 칭찬과 비난 모두 삼가라.

선인을 미능급친이어든 불의예양이니
善人을 未能急親이어든 不宜預揚이니
공래참참지간이요,
恐來讒譖之奸이요,
악인을 미능경거어든 불의선발이니
惡人을 未能輕去어든 不宜先發이니
공초매얼지화니라.
恐招媒孼之禍니라.

● 해석(解釋)

착한 사람을 급히 친할 수 없거든 미리 칭찬하는 말을 해서는 안 되니, 간악한 참소가 올까 두렵다. 악한 사람을 쉽게 제거할 수 없거든 미리 발설해서는 안 되니, 이간하는 자가 있을까 염려된다.

● 해설(解說)

선한 사람을 친하기 전에 미리 칭찬해서는 안 되고, 악인을 쉽게 제거하지 못할 바에는 앞장서서 그의 악을 발설해서는 안 된다. 선조 때의 일이다. 대간(臺諫)으로 있던 송영구(宋英耉)가 하루는 임금 앞에서 이항복(李恒福)을 칭찬하여 이렇게 아뢰었다.

"영의정 이항복이야말로 임진왜란 때 세운 공이 막대하며 그의 인품이 비범하기 이를 바 없습니다."

선조는 그 말을 듣고는 기분이 좋지 않았다.

"신하로서 임금 앞에서 신하를 칭찬하는 말을 감히 할 수 있느냐?"

그래서 송영구는 파직이 되고, 이항복도 여러 차례 사직하는 글을 올려 겨우 임금의 노여움을 풀 수 있었다.

132. 참으로 큰 것은 은밀히 이루어진다.

청천백일적절의는 자암실옥루중배래하고,
靑天白日的節義는 自暗室屋漏中培來하고,
선건전곤적경륜은 자림심리박처조출이라.
旋乾轉坤的經綸은 自臨深履薄處操出이라.

● 해석(解釋)

푸른 하늘의 밝은 태양 같은 절의는 어두운 방구석에서 배양되고, 하늘과 땅을 움직이는 경륜은 깊은 연못에 서고, 얇은 얼음을 밟듯 조심하는 데서 나온다.

● 해설(解說)

　청천백일 같은 정의는 초라한 어두운 방구석에서 길러지며 세상을 뒤흔드는 경륜은 처신을 조심스럽게 한 가운데서 이루어진다. 조선 시대에는 사화(士禍)와 당쟁이 극심하여 처세에 조심하지 않으면 자신은 물론 가문이 멸족을 당하는 예가 허다하였다.

　중종 때 사람 정붕(鄭鵬)은 한참 권세를 떨치고 있는 유자광(柳子光)과 친척이었다. 유자광이 하늘 무서운 줄 모르고 날뛰는 것을 본 정붕은 그를 멀리하지 않으면 언젠가는 화를 당하리라는 것을 알았다. 그렇다고 절교를 했다가는 우선 당장 화를 입을 것이 뻔했다. 그래서 이따금 하인을 보내 문안하였는데 그 방법이 독특했다. 즉 심부름 보낼 하인의 팔을 새끼로 꽁꽁 묶어 봉인을 해 보내면 하인은 묶인 팔이 아파서 유자광의 집에 가 수다를 떨 겨를 없이 곧바로 돌아와 집안 말이 새어나감을 막을 수 있었고, 후에 유자광이 실각할 때 화를 면했다. 그의 친구 강혼(姜渾)과 심순문(沈順門)이 기첩(妓妾)을 둔 것을 보자 정붕은 충고하기를,

　"어서 그 여자들을 버리지 않으면 멀지 않아 화를 당할 것이네."

　하였는데, 강혼은 버리고 심순문은 버리지 않았다. 그 후 그 기생들이 연산군의 총애를 받게 되어 심순문은 마침내 비명에 죽고 말았다.

133. 감사할 사랑은 참사랑이 아니다.

<small>부자자효하고 형우제공하여</small>
父慈子孝하고 兄友弟恭하여
<small>종주도극처라도 구시합당여차니</small>
縱做到極處라도 俱是合當如此니
<small>저부득일호감격적염두라.</small>
著不得一毫感激的念頭라.
<small>여시자임덕하고 수자회은하면 변시로인이니</small>
如施者任德하고 受者懷恩하면 便是路人이니
<small>변성시도니라.</small>
便成市道니라.

● 해석(解釋)

아버지는 인자하고 아들은 효성스러우며, 형은 우애롭고 동생은 공손하여 비록 그것이 극도에 달했다 하더라도 모두 그렇게 되어야 합당한 것이므로 털 끝 만큼이라도 감격하는 마음을 두어서는 안 된다. 만약 베푸는 자가 덕으로 생각하고 받는 자가 은혜로 생각한다면 이는 길에서 만난 사람과 같아서 장사꾼의 도가 이루어지게 된다.

● 해설(解說)

아버지와 아들, 형제들 사이에 특별히 잘하는 일이 있더라도 이는 당연한 일로 감격해서는 안 된다. 만일 이런 관계끼리 베푼 사람이 자신의 덕으로 자부하거나 받는 사람이 그걸 은혜로 알면 이는 남과 다름이 없어 장사꾼들처럼 이해를 따지게 된다.

134. 내세우지 않으면 허물도 없다.

유연이면 필유추하여 위지대니
有姸이면 必有醜하여 爲之對니
아불과연이면 수능추아리오?
我不誇姸이면 誰能醜我리오?
유결이면 필유오하여 위지구니
有潔이면 必有汚하여 爲之仇니
아불호결이면 수능오아리오?
我不好潔이면 誰能汚我리오?

● 해석(解釋)

아름다움이 있으면 반드시 추함이 있어 대립하는 것이니 내가 아름다움을 자랑하지 않으면 누가 나를 추하게 하겠는가? 깨끗함이 있으면 반드시 더러운 것도 있어 짝을 이루니 내가 깨끗함을 좋아하지 않으며 누가 나를 더럽히겠는가?

● 해설(解說)

아름다운 것이 있으면 추한 것도 있게 마련이니, 나의 아름다움을 떠벌이지 않으면 아무도 나를 추하게 하지 못할 것이며, 고결함도 마찬가지이다.

135. 시기와 질투는 육친이 더 심하다.

炎凉之態는 富貴가 更甚於貧賤하고,
妬忌之心은 骨肉이 尤狠於外人이니,
此處에 若不當以冷腸하며 御以平氣면
鮮不日坐煩惱障中矣라.

● 해석(解釋)

　염량의 세태는 부귀한 사람이 빈천한 사람보다 더 심하고, 질투하는 마음은 골육이 밖의 사람보다 더 사납다. 이럴 때에 만약 냉정한 마음으로 평정을 지니지 않으면 번뇌에 시달리지 않는 날이 드물 것이다.

● 해설(解說)

　염량의 세태란 권력이 있는 자에게는 빌붙고 권력이 없어지면 언제 그랬느냐는 듯이 배반하는 세상 인정을 말한다. 또 사촌이 논을 사면 배가 아프듯이 친척 사이에 질투하는 마음이 더욱 사납다. 이럴 때에 냉정하게 마음의 평정을 유지하지 않으면 번뇌가 끊임없이 일어나게 된다.

136. 은혜와 원한은 드러내지 마라.

功過는 不容少混이니 混則人懷惰墮之心하고,
恩仇는 不可大明이니 明則人起携貳之志니라.

● 해석(解釋)

공로와 허물은 조금도 혼동해서는 안 되니, 혼동하면 사람들이 게으른 마음을 품게 되고, 은인과 원수는 너무 분명하게 밝혀서는 안 되니, 분명하게 하면 사람들이 의심하는 뜻을 일으키게 된다.

● 해설(解說)

신라 때 물계자(勿稽子)란 사람이 있었다. 내해왕(奈解王) 때 전쟁에 나가 큰 공을 세웠으나 장수에게 미움을 받아 포상을 받지 못하였다. 어떤 사람이 원망하는 마음이 없느냐고 묻자, 물계자는 아무런 내색을 하지 않았다. 그 뒤 갈화성 싸움에서 또 큰 공을 세웠으나 나라에 보고되지 않았다.

그는 아내에게 이렇게 말한 다음 산으로 들어가 다시는 세상에 나오지 않았다.

"신하로써 전쟁에 나가면 목숨을 바쳐야 하는 것이다. 그러나 나는 싸움 때마다 죽지 않고 살아왔으니 신하의 직분을 다 못한 것이다. 무슨 면목으로 세상 사람들을 대하겠는가?"

137. 행실이 고상하면 비방이 따른다.

> 爵位는 不宜太盛이니 太盛則危하고
> 能事는 不宜盡畢이니 盡畢則衰하며,
> 行誼는 不宜過高니 過高則謗興而毀來니라.

● 해석(解釋)

 벼슬은 너무 높아서는 안 되는 것이니, 너무 높으면 위태롭다. 자기가 능한 일은 끝까지 다 마쳐서는 안 되니, 끝까지 다 마치면 쇠퇴한다. 행실은 지나치게 고상하게 해서는 안 되는 것이니, 지나치게 고상하면 비방이 일어나고 헐뜯음이 오게 된다.

● 해설(解說)

 벼슬이 너무 성대하면 위험해지기 마련이니 조심해야 하고, 자신이 잘하는 일이라 하여 보란 듯이 재주껏 다하면 남의 미움을 받게 마련이다. 또 행실을 너무 고상하게 가져도 훼방이 따를 것이니 매사에 중용을 취해야 한다. 재능 있고 고상한 사람들이 흔히 사회에 적응하지 못하고 외톨이가 되는 것은 이런 이치를 알지 못해서일 것이다.

138. 숨어있는 것이 더 크다.

> 악기음하고 선기양이라.
> 惡忌陰하고 善忌陽이라.
> 고로 악지현자는 화천이은자는 화심하며
> 故로 惡之顯者는 禍淺而隱者는 禍深하며
> 선지현자는 공소이은자는 공대니라.
> 善之顯者는 功小而隱者는 功大니라.

● 해석(解釋)

 악은 음지를 꺼리고 선은 양지를 꺼린다. 그러므로 드러난 악은 그 화가 얕고 숨겨진 것은 화가 깊다. 드러난 선은 공이 적고 숨은 것은 공이 크다.

● 해설(解說)

 악한 일은 드러나기를 좋아하고 선은 숨기를 좋아한다. 그러므로 드러난 악은 화가 적으나 숨겨진 악은 재앙이 크다. 선은 이와 반대로 드러나면 공이 감소되고 끝까지 숨겨져야만 큰 공이 된다.

139. 덕은 주인이고 재능은 종이다.

> 덕자는 재지주요 재자는 덕지노니
> 德者는 才之主요 才者는 德之奴니

유 재 무 덕 은　여 가 무 주 이 노 용 사 의 라．
有才無德은 如家無主而奴用事矣라.
기 하 불 망 량 이 창 광 이 리 오？
幾何不魍魎而猖狂이리오?

● 해석(解釋)

　덕은 재능의 주인이요, 재능은 덕의 노예이다. 재능은 있으되 덕이 없으면 마치 집안에 주인이 없어 노예가 마음대로 하는 것과 같으니 어찌 도깨비가 멋대로 날뛰지 않겠는가?

● 해설(解說)

　흔히 재주가 있는 사람은 덕이 부족하여 경망하기 쉽다고 한다. 광해군(光海君) 때 사람 허균(許筠)은 좋은 가문에서 태어나 재주가 남달랐으며 특히 문장은 당시에 그를 따를 자가 없어 장래가 촉망되었는데 불행하게도 덕이 부족하였다. 상(喪)을 당하여도 기생을 가까이 하고, 고시관이 되어서는 친척을 부정으로 합격시켰다는 비난을 받았는데, 마침내 역적으로 몰려 자신은 물론 온 집안이 화를 당하게 되었다.

140. 달아날 길은 열어 줘라.

<small>서 간 두 행 엔   요 방 타 일 조 거 로 라.</small>
鋤奸杜倖엔 要放他一條去路라.
<small>약 사 지 일 무 소 용 이 면   비 여 색 서 혈 자 하 여</small>
若使之一無所容이면 譬如塞鼠穴者하여
<small>일 체 거 로 도 색 진 하 면   즉 일 체 호 물 구 교 파 의 라.</small>
一切去路都塞盡하면 則一切好物俱咬破矣라.

● 해석(解釋)

간사한 사람을 물리치고 아첨하는 사람을 막으려면 다른 한 가닥 길을 터주어야 한다. 만약 그들로 하여금 한 군데도 용납할 곳이 없게 하는 것은 마치 쥐구멍을 막는 것에 비유할 수 있어 일체의 길을 없애고 모조리 막는다면 모든 값진 물건을 다 물어뜯고 말 것이다.

● 해설(解說)

궁지에 몰린 도둑은 사람을 해치기 쉽고, 궁한 쥐는 고양이를 물게 마련이다. 마찬가지로 아무리 악한 사람이라 하더라도 너무 심하게 몰아붙이지 말고 살아날 길을 터주는 것이 옛 사람들의 지혜였다.

141. 공은 양보하고 허물은 함께 하라.

당여인동과나 부당여인동공이니 동공즉상기하고
當與人同過나 不當與人同功이니 同功則相忌하고
가여인공환난이나 불가여인공안락이니 안락즉상구니라.
可與人共患難이나 不可與人共安樂이니 安樂則相仇니라.

● 해석(解釋)

　허물은 남과 같이 해도 되지만, 공로는 남과 함께 해서는 안 되니, 공로를 함께 하면 서로 꺼리게 된다. 남과 더불어 환난을 함께 해도 되지만 남과 함께 안락은 같이 해서는 안 되니, 안락을 함께 하면 서로 원수가 된다.

● 해설(解說)

　남과 잘못을 함께 나누는 것이나 공을 양보하기란 쉽지 않은 일로서 서로 공을 다투다 보면 미워하는 마음이 생기게 된다. 환난은 남과 같이 해야 되고 안락을 함께 나누어서는 안 되니, 안락을 나누어 가지면 원수지기가 쉽다.

142. 한마디 말로도 공덕을 쌓는다.

士君子로 貧不能濟物者는
遇人痴迷處에 出一言提醒之하고
遇人急難處에 出一言解救之면 亦是無量功德이라.

● 해석(解釋)

사군자로서 가난해서 남을 구제하지 못하는 자는 사람들이 어리석어 방황할 때를 당하여 한 마디 해주어 깨닫게 하고, 사람이 급하여 어쩔 줄을 모를 때에 한 마디 하여 구해 주면 이 역시 한량없는 공덕이 된다.

● 해설(解說)

집이 가난하여 물질로써 남을 도와줄 수 없으면 자신보다 못난 사람을 깨우쳐 주거나 곤경에 처한 사람을 한 마디 말로 도와주는 것도 큰 공덕이 된다.

중종 때 사람 경연(慶延)의 이웃집에 불효막심한 고리 백정 삼 형제가 살고 있었다. 경연이 하루는 그들을 불러 왜 부모에게 효도를 해야 하는지를 차근차근 일러주었다. 그랬더니 그 형제들은 이제까지 효도가 무엇인지 몰랐다며 앞으로는 절대 불효하는 일이 없을 것이라며 물러갔다. 과연 경연이 가르쳐준 대로 아침저녁으로 문안을 하고 형제 사이에도 우애 있게 지내더니, 부모가 죽자 여막 살이 3년까지 하면서 술이나 고기를 입에 대지 않았다. 그리고는 혹시 잘못을 저지르고 나면, '옆집 경생원이 알까 두려우니 다시는 이런 일을 하지 말자'라고 반성하였다.

143. 따뜻하면 오고 추우면 떠나간다.

> 기 즉 부 하 고   포 즉 양 하 며   욱 즉 추 하 고
> 饑則付하고 飽則颺하며 燠則趨하고
> 한 즉 기 는   인 정 통 환 야 라 .
> 寒則棄는 人情通患也라.

◉ 해석(解釋)

굶주리면 달라붙고 배부르면 훌쩍 떠나며, 따뜻하면 따르고, 추우면 버리는 것이 인정의 공통된 병통이다.

◉ 해설(解說)

세상 인정이란 배가 고프면 달라붙다가도 배가 부르면 훌쩍 떠나거나 심하면 배신까지 한다.

144. 마음을 가벼이 하지 말라.

> 군자는 의정식랭안이요 신물경동강장이라.
> 君子는 宜淨拭冷眼이요 愼物輕動剛腸이라.

● 해석(解釋)

군자는 마땅히 냉정한 안목을 깨끗이 가져야 하고, 신중하게 하며, 신념을 가볍게 변해서는 안 된다.

● 해설(解說)

점잖은 사람은 냉철한 안목으로 사람을 대해야지 경솔하게 강단을 부리면 남의 미움을 받게 된다. 모난 돌이 정을 맞는 법이니, 아무 때나 자신의 강과(剛果)함을 보여서는 안 된다.

145. 덕은 도량에 따라 발전한다.

> 덕수량진하고 양유식장이라.
> 德隨量進하고 量由識長이라.
> 고로 욕후기덕이면 불가불홍기량이요,
> 故로 欲厚其德이면 不可不弘其量이요,
> 욕홍기량이면 불가불대기식이라.
> 欲弘其量이면 不可不大其識이라.

● 해석(解釋)

　덕은 도량에 따라 진보하고 도량은 식견으로 말미암아 자란다. 그러므로 그 덕을 후하게 하고자 하면 도량을 넓게 하지 않을 수 없고, 그 도량을 넓히고자 하면 식견을 크게 하지 않을 수 없다.

● 해설(解說)

　덕이란 도량에서 나오는 것이므로 덕을 두터이 하려면 도량부터 넓혀야 하며, 도량을 넓히려면 큰 식견을 가져야 한다.

146. 정욕과 기호가 병의 원인이다.

일등형연에 만뢰무성은 차오인초입연적시야요.
一燈螢然에 萬籟無聲은 此吾人初入宴寂時也요,
효몽초성에 군동미기는 차오인초출혼돈처야라.
曉夢初醒에 群動未起는 此吾人初出混沌處也라.
승차이일념회광하여 형연반조하면
乘此而一念廻光하여 炯然返照하면
시지이목구비는 개질곡이요
始知耳目口鼻는 皆桎梏이요
이정욕기호는 실기계의리라.
而情欲嗜好는 悉機械矣리라.

● 해석(解釋)

　등잔불이 깜빡이고 삼라만상이 고요한 밤은 우리들이 처음 편안히 잠들 때요. 새벽꿈이 깨고 만물이 채 움직이기 직전은 우리가 처음으로 혼돈의 세계에서 벗어나는 때다. 이때를 틈타 일념으로 빛을 돌려 환하게 반성하면 비로소 우리의 이목구비는 모두 우리를 속박하는 족쇄와 수갑이요, 정욕과 기호는 모두 우리를 얽어매는 기계임을 알게 된다.

● 해설(解說)

고요한 밤 등잔불만이 깜빡일 때나 새벽녘 삼라만상이 아직 잠에서 깨어나기 전은 자신을 반성하기 좋은 때이다. 그럴 때면 문득 자신의 육체, 그토록 갈망하던 욕정이 모두 부질없는 것임을 느껴 조금은 죄를 덜 짓고 사는 인생이 될 것이다.

147. 원망은 서로를 해치는 것이다.

반기자는 촉사가 개성약석이요,
反己者는 觸事가 皆成藥石이요,
우인자는 동념이 즉시과모라.
尤人者는 動念이 卽是戈矛라.
일이벽중선지로하고 일이준제악지원하니
一以闢衆善之路하고 一以濬諸惡之源하니
상거소양의라.
相去霄壤矣라.

● 해석(解釋)

자신을 반성하는 사람은 부딪치는 일마다 모두 약석이 되고, 남을 허물하는 자는 하는 생각마다 다 해치는 무기가 된다. 하나는 모든 선의 길을 여는 것이고 다른 하나는 여러 악의 근원을 이루는 것이니, 그 차이가 하늘과 땅 사이다.

● 해설(解說)

　반성할 줄 아는 사람은 매사에 혹 내가 허물을 짓지 않았는지 반성하게 되므로 약이 되지만, 남을 탓하기 좋아하는 사람은 어떻게든 자신의 과오를 인정하지 않으려 발버둥치기 때문에 남을 해치는 생각만 하지만 그것이 바로 자신을 해친다.

148. 정신은 영원하다.

　　사업문장은　수신소훼하되　이정신은　만고여신하고
　　事業文章은 隨身銷毀하되 而精神은 萬古如新하고
　　공명부귀는 축세전이하되 이기절은 천재일일하니
　　功名富貴는 逐世轉移하되 而氣節은 千載一日하니
　　군 자 는 　신 부 당 이 피 역 차 야 라 .
　　君子는 信不當以彼易此也라.

● 해석(解釋)

　사업과 문장은 몸을 따라 소멸되지만 정신은 만고도록 새로운 것이고, 공명과 부귀는 세상을 따라 옮기지만 기절은 천년이 하루 같으니, 군자는 참으로 저것을 이것으로 바꾸어서는 안 된다.

● 해설(解說)

　사업과 문장은 유한하여 자신이 죽고 나면 함께 소멸되나, 정신만은 영원히 남아 어떤 사람은 기림을 받고 어떤 사람은 욕을 먹는다. 부귀공명은 자신의 생전에도 뒤바뀌지만 기개와 절조는 천년 동안 남는다. 그러므로 군자는 사업, 문장이나 부귀, 공명 따위의 가치 없는 것을 위해 정신과 기절을 버리지 않아야 한다.

149. 지혜와 재주는 믿을 수 없다.

어망지설에 홍즉이기중하고
魚網之設에 鴻則罹其中하고
당랑지탐에 작우승기후하여
螳螂之貪에 雀又乘其後하여
기리장기하고 변외생변하니
機裡藏機하고 變外生變하니
지교를 하족시재리오?
智巧를 何足恃哉리오?

● 해석(解釋)

　고기 잡는 그물을 치면 기러기가 그 가운데 걸리고, 사마귀가 욕심을 부리니 참새가 그 뒤에서 노린다. 계략 속에 또 계략이 숨어 있고 이변 밖에 또 이변이 생기는 지혜와 계교를 어찌 믿을 수 있겠는가?

● 해설(解說)

　제 딴에는 재주를 부리느라 고기를 잡겠다고 그물을 치지만 엉뚱한 기러기가 걸리는 수도 있고, 사마귀가 먹이를 노리는데 그 뒤에는 참새가 사마귀를 노리고 있으니 어찌 잔꾀를 부리랴. 뛰는 놈 위에 나는 놈이 있는 것이다.

150. 참다운 생각을 품어야 한다.

> 작인에 무점진간염두면 변성개화자니 사사개허하고,
> 作人에 無點眞懇念頭면 便成個花子니 事事皆虛하고,
> 섭세에 무단원활기취면 변시개목인이니 처처유애라.
> 涉世에 無段圓活機趣면 便是個木人이니 處處有碍라.

● 해석(解釋)

　사람됨이 한 점의 참된 생각이 없으면 하나의 거지가 되고 말아 일마다 모두 헛것이 되고, 세상을 살아가는 데 일단의 원활한 활동이 없으면 하나의 장승이니 곳곳에서 장애가 된다.

● 해설(解說)

　진실 된 마음이 없으면 아무리 높은 지위와 부귀를 누려도 거지와 다름이 없어 하는 일마다 거짓되며, 처세하는데 원활한 기상이 없으면 목석같은 인간이어서 곳곳에서 막히게 된다.

151. 괴로움만 버리면 즐거움은 절로 있다.

水不波則自定하고 鑑不翳則自明이라.
故로 心無可淸이니 去其混之者而淸自現하고
樂不必尋이니 去其苦之者而樂自存이라.

● 해석(解釋)

　물은 파도가 일지 않으면 저절로 고요하고, 거울은 가리지 않으면 저절로 밝다. 그러므로 마음은 굳이 맑게 하려고 할 필요가 없으니, 흐린 것을 제거하면 맑음이 저절로 나타나고, 즐거움은 굳이 찾아 나설 것이 아니라 괴로움을 제거하면 즐거움이 저절로 있게 된다.

● 해설(解說)

　애써 맑은 마음을 지니려고 할 것이 아니라 잡된 생각을 떨쳐버리면 저절로 맑은 마음의 소유자가 된다. 애써 즐거운 마음을 가지려 할 것이 아니라 괴로운 생각들을 떨쳐버리면 즐거움은 스스로 그 가운데 있는 것이다.

152. 한 가지 일로도 자손이 불행하다.

유일념이범귀신지금하고 일언이상천지지화하며
有一念而犯鬼神之禁하고 一言而傷天地之和하며
일사이양자손지화자니 최의절계하라.
一事而釀子孫之禍者니 最宜切戒하라.

● 해석(解釋)

　한 생각으로 귀신이 금하는 바를 범하고, 한 마디 말로 천지의 평화를 깨드리고, 한 가지 일로 자손의 재앙을 빚는 것이니 가장 경계하여야 한다.

● 해설(解說)

　한 번의 잘못된 생각이나 말로 평생을 그르치며, 한 가지 어긋난 일 처리로 말미암아 자손에게까지 화가 미치니 조심해야 한다.

153. 잘 따르지 않는 자는 버려려둬라.

사유급지불백자로되 관지혹자명하니
事有急之不白者로되 寬之或自明하니
무조급이속기분하고,
毋躁急以速其忿하고,

인 유 조 지 부 종 자 로 되 종 지 혹 자 화 하 니
人有操之不從者로되 縱之或自化하니
무 조 절 이 익 기 완 하 라 .
毋操切以益其頑하라.

● 해석(解釋)

　서둘러 급히 하는 일은 밝혀지지 않음이 있지만 너그럽게 하면 더러 저절로 밝혀지게 되니, 조급하게 분노를 재빨리 터뜨리지 말라. 조종하면 따르지 않는 사람이 있지만 놓아두면 혹 저절로 감화되는 수가 있으니 지나치게 조종하여 그 완악함을 더하지 말라.

● 해설(解說)

　너무 조급히 밝혀지기를 바라면 밝혀지지 않는 경우가 있지만 느슨하게 기다리면 밝혀지는 수가 있듯이 조급하게 성을 내면 될 일도 안 되는 수가 있다.
　정종(定宗) 때 사람 윤회(尹淮)가 젊어서의 일이다. 하루는 길을 가다가 여관에 들었는데, 여관 주인이 받아 줄 수 없다고 하여 처마 밑에서 하룻밤 지새고 갈까 하고 마당에서 기다렸다. 그때 주인집 아이가 구슬을 가지고 놀다 떨어뜨린 것을 거위가 먹이로 잘못 알고 삼키는 것이 그의 눈에 띠었다. 얼마 후 구슬이 없어진 것을 안 주인은 노발대발하여 윤회의 소행으로 몰아붙여 묶어 놓고 이튿날 관청에 고발하려 하였다. 그러나 윤회는 별로 화도 내지 않고 주인에게 말했다.

"당신 마음대로 하되, 저 거위를 내 곁에 묶어 놓아 주시겠소?"

이튿날 아침 거위의 배설물에서 구슬이 나온 것을 본 주인은 부끄러워하면서 물었다.

"그런 줄 알았으면 어제 왜 바로 말하지 않았습니까?"

그러자 윤회는 빙긋이 웃으며 이렇게 말했다.

"그랬으면 급한 당신의 성질에 반드시 저 거위의 배를 잘랐을 게 아니요? 그래서 내가 욕을 참기로 한 것이오."

154. 덕성 없이 절의는 무의미하다.

節義가 傲靑雲하고 文章이 高白雪이라도
若不以德性으로 陶鎔之하면
終爲血氣之私와 技能之末이라.

● 해석(解釋)

절의가 청운보다 높고 문장이 백설곡보다 뛰어나더라도 만약 덕성으로 함양하지 않으면 마침내 사사로운 혈기가 되고 말단의 기능인이 되고 만다.

● 해설(解說)

　절의와 문장이 높고 깨끗하더라도 덕성스러운 성품이 없으면 사사로운 혈기와 기능에 불과할 뿐이니 덕성을 길러야 한다.

155. 전성기에 물러나라.

> 사사는 당사어정성지시하고 거신은 의거어독후지지라.
> 謝事는 當謝於正盛之時하고 居身은 宜居於獨後之地라.

● 해석(解釋)

　사양해야 할 일은, 마땅히 전성(全盛)의 시기에 사양해야 하고, 자리를 잡을 때에는 홀로 뒷자리를 차지해야 한다.

● 해설(解說)

　자신의 권력이나 공명이 한참 성대할 때 사양해야 참된 사양이지 그렇지 않고 곤경에 처하게 될 때 사양하는 것은 사양이 아니어서 화만 부를 뿐이다. 처신은 남과 일정한 거리를 두어야지 너무 가깝게 하면 그 사람이 화를 입게 될 때 자신도 거기에 연루되기 쉽다.

　힘에 끌려 마지못해 권좌에서 물러나 비참한 최후를 마친 위정자들이 한참 권력과 명성이 성했을 때 물러날 줄을 알았더라면 자신의 몸을 망치는 일이 없었을 것이며 역사에 좋은 이름을 남겼을 것이다.

156. 베풂에는 보답을 생각지 마라.

근덕은　수근어지미지사하고
謹德은 須謹於至微之事하고
시은은　무시어불보지인하라.
施恩은 務施於不報之人하라.

● 해석(解釋)

 덕을 삼감에는 모름지기 아주 작은 일부터 삼가고, 은혜를 베풂에는 갚지 못한 사람에게 부터 베풀기를 힘쓰라.

● 해설(解說)

 작은 일을 삼가는 것이 큰 덕이니 큰일에는 누구나 조심하게 마련이기 때문이다. 은혜를 베풀 때에는 갚을 능력이 없는 사람에게 부터 해야 하니, 능력 있는 사람에게 베푸는 것은 은혜가 되지 못하기 때문이다.

157. 사귐에는 시중사람이 산골노인보다 못하다.

근덕은　수근어지미지사하고
交市人은 不如友山翁하고 謁朱門은 不如親白屋하며
시은은　무시어불보지인하라.
聽街談巷語는 不如聞樵歌牧詠하고

談今人失德過擧는 不如述古人嘉言懿行이라.

● 해석(解釋)

 장사꾼을 사귀는 것은 산에 사는 늙은이를 벗함만 못하고, 권문세가를 찾는 것은 가난한 초가집 사람을 친해 두는 것만 못하며, 항간의 떠도는 말을 듣는 것은 나무꾼의 노래나 목동의 노래를 듣는 것만 못하며, 금세 사람의 실덕과 허물을 듣는 것은 옛 사람의 아름다운 말과 행실을 이야기함만 못하다.

● 해설(解說)

 산옹이란 세상을 초탈한 도덕 높은 사람을 말하니, 시정잡배와 사귀는 것에 비하겠는가? 고관대작의 집을 드나드는 것은 무엇인가 구하는 것이 있을 것이니 어찌 가난하지만 마음이 통하는 친구를 찾는 것만 하랴. 시끄러운 거리의 소문을 듣는 것이 어찌 초동목동의 노래를 듣는 것과 같으며, 지금 사람들의 잘잘못을 따지는 이야기를 하는 것이 어찌 옛날 훌륭한 사람들의 아름다운 언행을 토론하는 것만 같으랴.

158. 덕은 모든 일의 기초이다.

　　　　덕자는 사업지기니　미유기불고이동우견구자니라.
　　　　德者는 事業之基니 未有基不固而棟宇堅久者니라.

● 해석(解釋)

　덕이란 사업의 기초이다. 기초가 튼튼하지 않고서 견고하게 오래 가는 집은 없다.

● 해설(解說)

　덕은 모든 사업의 기초이므로 덕이 없이는 사업의 기둥이 튼튼하고 오래 가지 못한다. 덕을 바탕으로 하지 않은 일은 잠시 눈앞의 이익을 가져올지 모르더라도 오래 존속하지 못한다는 사실은 오늘날 기업에서도 명심해야 할 것이다. 덕을 갖춘 사업주는 결코 정당하지 못한 이익을 노리다가 도산하거나 근로자에게 불이익을 주어 분쟁을 일으키지 않는다.

159. 마음은 자손의 뿌리가 된다.

　　　　심자는 후예지근이니　미유근불식이지엽영무자니라.
　　　　心者는 後裔之根이니 未有根不植而枝葉榮茂者니라.

● 해석(解釋)

　마음은 후예를 위한 뿌리이다. 뿌리를 내리지 않고서 가지와 잎이 무성하게 되는 일은 없다.

● 해설(解說)

　자신의 마음은 자신의 대에는 물론 후손에게 복을 주는 뿌리가 된다. 그러므로 자신의 마음이 바르지 못하면서 후손이 잘 되기를 바라는 것은 뿌리를 심지도 않고 나무가 무성하게 자라기를 바라는 것과 마찬가지이다.

160. 자기 것을 알되 자랑은 마라.

전인이 운하되
前人이 云하되
「포각자가무진장하고　연문지발효빈아라」하고,
「抛却自家無盡藏하고 沿門持鉢效貧兒라」하고,
우운하되
又云하되
「폭부빈아휴설몽하라! 수가조리화무연고?」하니
「暴富貧兒休設夢하라! 誰家竈裡火無烟고?」하니
일잠자매소유요
一箴自昧所有요
일잠자과소유라　가위학문절계니라.
一箴自誇所有라 可爲學問切戒니라.

● 해석(解釋)

　예전 사람이 말하되 '자기 집안의 무진장한 재산을 버려두고 남의 집 문 앞에서 밥그릇 들고 거지 흉내를 낸다'고 하였고, 또 말하되 '벼락부자 된 가난뱅이야 꿈같은 소리 그만 두어라. 누구의 집인들 불 때면 연기 나지 않으랴?'라고 하였으니 하나는 소유하고도 스스로 그걸 모르는 것을 경계함이요, 하나는 소유함을 스스로 과시하는 것을 경계한 것이니 학문을 하는데 간절한 경계가 된다.

● 해설(解說)

　자기 집에 무진장 많은 재산을 두고 남의 집 문전에서 거지 노릇을 하는 사람은 자신이 소유하고 있는 바를 모르는 것이며, 또 밥 짓는 연기를 보고 신기해하는 벼락 부잣집 아이는 자기의 소유를 너무 과시한 것이다. 이는 학문을 하는 사람에게도 좋은 경계가 되니, 자신이 지닌 것을 버려두고 남의 것만 모방을 하거나 또 자신의 것만을 과시하려는 것은 모두 타당하지 못하다는 것이다.

161. 배움은 끼니와 같다.

道는 是一重公衆物事니 當隨人而接引하고,
學은 是一個尋常家飯이니 當隨事而警惕하라.

● 해석(解釋)

도(道)란 하나의 공공적인 것이니 마땅히 사람마다 인접해야 하고, 학문은 하나의 예사로운 것으로 집의 밥과 같으니 마땅히 일마다 깨우쳐 삼가야 한다.

● 해설(解說)

도(道)란 누구나 가져야 할 공중의 물건이므로 사람마다 이끌어 배워야 하고, 학문은 누구나 일상 먹는 밥과 같으니 마땅히 일을 당할 때마다 조심스럽게 깨우쳐야 한다.

162. 남을 믿는 사람은 진실하다.

> 신인자는 인미필진성이라도 기즉독성의요,
> 信人者는 人未必盡誠이라도 己則獨誠矣요,
> 의인자는 인미필개사라도 기즉선사의라.
> 疑人者는 人未必皆詐라도 己則先詐矣라.

● 해석(解釋)

남을 믿는 자는 남이 모두 성실하지 않더라도 자신만은 홀로 성실할 것이고, 남을 의심한 자는 사람들이 반드시 다 속이지는 않더라도 자신이 먼저 속이는 것이다.

● 해설(解說)

　남을 믿는 자는 남이야 성실하지 않더라도 자신은 성실한 것이요, 남을 의심하는 사람은 남이라 하여 다 속이는 것이 아닌데 의심부터 하니, 이는 자신이 먼저 속인 것이다. 남을 의심하기 시작하면 한정이 없어 세상 사람이 모두 자기를 속일 것으로 생각하지만 자신의 마음이 정직하고 성실한 사람은 남을 의심하는 일이 없다.

163. 너그러우면 생기가 있다.

념두관후적은 여춘풍후육하여 만물이 조지이생하고,
念頭寬厚的은 如春風煦育하여 萬物이 遭之而生하고,
념두기각적은 여삭설음응하여 만물이 조지이사니라.
念頭忌刻的은 如朔雪陰凝하여 萬物이 遭之而死니라.

● 해석(解釋)

　마음이 너그러운 사람은 마치 봄바람이 따뜻하게 길러주듯이 만물이 그를 만나면 살아나고, 마음이 시기하고 각박한 사람은 마치 차가운 눈이 음산하여 엉기듯 하여 만물이 그를 만나면 죽게 된다.

● 해설(解說)

　관후한 사람은 봄바람이 만물을 기르듯이 사람들에게 도움을 주지만 각박한 사람은 차가운 눈이 꽁꽁 얼게 하듯 사람을 해친다.

164. 선악의 결과는 보이지 않게 나타난다.

위선에 불견기익은 여초리동과하여 자응암장하고,
爲善에 不見其益은 如草裡東瓜하여 自應暗長하고,
위악에 불견기손은 여정전춘설하여 당필잠소니라.
爲惡에 不見其損은 如庭前春雪하여 當必潛消니라.

● 해석(解釋)

　선한 일을 행하여도 그 이로움이 보이지 않지만 마치 풀숲 속에 있는 동아 같아서 스스로 모르는 사이에 자라고, 악한 일을 행하여도 손해됨이 보이지 않으나 마치 뜰 앞에 쌓인 봄눈 같아서 마땅히 모르는 사이에 스러지게 된다.

● 해설(解說)

　착한 일을 하면 금방 자신에게 이익이 나타나는 것은 아니지만 풀 속에 감추어진 수박이나 참외처럼 모르는 사이에 자란다. 악한 일을 해도 곧 손해되는 일이 나타나지 않으나 그것은 뜰에 쌓인 봄눈처럼 모르는 사이에 스러지게 마련이다.

165. 은밀한 일에는 마음을 분명히 하라.

우 고 구 지 교 어 든　의 기 요 유 신 하 고
遇故舊之交어든 意氣要愈新하고

처 은 미 지 사 어 든　심 적 의 유 현 하 며
處隱微之事어든 心迹宜愈顯하며

대 쇠 후 지 인 이 어 든　은 례 당 유 륭 하 라
待衰朽之人이어든 恩禮當愈隆하라.

● 해석(解釋)

옛날 사귀던 친구를 만나면 의기를 더욱 새롭게 해야 하고, 은밀한 일을 당해서는 마음의 형적을 더욱 드러나게 해야 하고, 노쇠한 사람을 만나거든 은혜와 예를 더욱 융숭하게 해야 한다.

● 해설(解說)

옛 친구는 언제 만나도 반가운 법이지만 자칫하면 무심하게 지낼 수 있다. 그러니 새로이 사귀는 마음으로 우정을 계속 다져야 할 것이며, 은밀한 일을 처리해야 할 때에는 후에 말썽이 생기더라도 자신의 처리가 정당했음을 입증할 수 있도록 해야 한다. 또 노쇠한 사람은 인생의 선배로써만이 아니라 고독하고 보호받아야 할 입장에 있으니, 예우와 존경을 바쳐야 한다.

166. 검소를 빌어 인색을 꾸미지 말라.

勤子는 敏於德義而世人은 借勤以濟其貧하고,
儉者는 淡於貨利而世人은 假儉以飾其吝하니
君子持身之符가 反爲小人營私之具矣니 惜哉라.

● 해석(解釋)

　부지런이란 덕과 의에 민첩해야 하는 것인데도 세상 사람들은 부지런함을 빌어서 자신의 가난함을 구제하고, 검소란 재회와 이익에 담담해야 하는 것인데도 세상 사람들은 검소함을 빌어 그의 인색함을 꾸민다. 그래서 군자가 몸에 지녀야 할 부신(符信)이 도리어 소인들이 사사로움을 도모하는 도구가 되고 있으니 애석한 일이다.

● 해설(解說)

　부지런한 사람은 덕과 의에 힘써야 하는데도 지금 세상은 부지런한 사람이 오직 자기의 가난만을 구제하기에 전력을 쏟으니 이는 참된 근면이 아니다. 검소한 사람은 재화(財貨)에 담담해야 하는데도 지금 세상 사람들은 그의 인색함을 감추기 위해 검소함을 가장한다. 그래서 군자가 지녀야 할 근검이란 신조가 도리어 소인배들이 자신의 이익을 추구하는 방편으로 이용되고 있는 것이다. 근검하여 재산을 모으는 것은 자신의 호의호식을 위해서가 아니라 세상을 구제하고 덕의를 펴기 위해서이다. 근검을 빙자하여 자신의 이익만을 추구하는 사람은 군자가 되지 못한다.

167. 즉흥적인 일은 곧 멈추게 된다.

> 빙의홍작위자는 수작즉수지하니 기시불퇴지륜이며,
> 憑意興作爲者는 隨作則隨止하니 豈是不退之輪이며,
> 종정식해오자는 유오즉유미하니 종비상명지등이라.
> 從情識解悟者는 有悟則有迷하니 終非常明之燈이라.

● 해석(解釋)

　즉흥적으로 일을 하는 자는 시작하였다가는 곧 중지하니 어찌 후퇴하지 않는 수레바퀴일 수 있으며, 감정의 인식에 따라 깨달은 자는 깨닫자마자 미혹하게 되어 끝내 항상 밝히는 등불이 되지 못한다.

● 해설(解說)

　불퇴전(不退轉)이란 본래 불교의 용어로 교리에 정진하여 퇴보함이 없어야 한다는 것이다. 그런데 즉흥적으로 일을 하는 사람은 일을 시작하였다가 흥이 가시면 곧 중지하여 정진할 수가 없다.

168. 남은 용서하되, 나는 용서하지 마라.

> 인지과오는　의서이재기즉불가서요,
> 人之過誤는 宜恕而在己則不可恕요,
> 기지곤욕은　당인이재인즉불가인이라.
> 己之困辱은 當人而在人則不可忍이라.

● 해석(解釋)

　남의 과오는 마땅히 용서해야 하지만 자신의 과오는 용서해서는 안 되고, 자신의 곤욕은 마땅히 참아야 하지만 다른 사람의 곤욕은 참아서는 안 된다.

● 해설(解說)

　남의 잘못은 용서해야 마땅하지만 자신의 과오에는 엄격해야 하고, 자신의 어려움은 꼭 참고 견디어야 하지만 남의 어려움을 보고 그냥 지나쳐서는 안 된다.

169. 더럽혀지지 않으면 청백한 사람이다.

> 능탈속이　변시기니　작의상기자는　불위기이위이하고,
> 能脫俗이 便是奇니 作意尙奇者는 不爲奇而爲異하고,

불합오면 변시청이니 절속구청자는 불위청이위격이라.
不合汚면 便是淸이니 絶俗求淸者는 不爲淸而爲激이라.

● 해석(解釋)

세속을 벗어날 수 있으면 바로 기인(奇人)이니 애써서 기이함을 숭상하는 자는 기인이 되지 못하고 괴이한 사람이 되며, 더러움이 섞이지 않으면 청렴한 사람이니 세상과 인연을 끊고 청렴을 구하는 자는 청렴한 사람이 못되고 과격한 사람이 된다.

● 해설(解說)

옛날에는 기이한 행적을 남긴 사람들이 많았다.

명종 때 사람 전우치(田禹治)라는 기인이 있었는데, 기이한 일로 어리석은 백성들을 미혹시킨다 하여 마침내 나라에서 잡아 가두라는 명이 내렸다. 그래서 신천(信川)에서 잡혀 옥에서 죽자 그 시체를 묻었는데, 후에 가족들이 이장을 하려고 파보니, 시체가 없었다. 그 후 어느 날 차천로(車天輅)의 집에 전우치가 두시(杜詩)한 질을 빌려 나타나기도 했다 한다.

170. 처음엔 엄격하게 나중에는 관대하게.

恩宜自淡而濃이니 先濃後淡者는 人忘其惠하고,
威宜自嚴而寬이니 先寬後嚴者는 人怨其酷이니라.

● 해석(解釋)

은혜는 마땅히 담담하게 베풀다가 짙게 해야 하니, 먼저 짙게 하다 후에 담담하게 하면 사람들이 그 은혜를 잊게 마련이다. 위엄은 처음에는 엄하게 하다 차차 너그럽게 해야 하니, 처음에는 너그럽다가 후에 엄하게 하면 사람들이 그 혹심을 원망하게 된다.

● 해설(解說)

처음에는 크게 은혜를 베풀다가 차츰 식어 가면 그 은혜를 고맙게 여기기보다는 오히려 원망하기가 쉽다. 반면 위엄은 처음에 엄하게 하다가 나중에는 관대하게 해야 한다.

정조(正祖) 때 어영대장을 지낸 이창운(李昌運)은 평소 부하들에게 엄격하기로 유명하였다. 그런데 부관(副官)으로 새로 임명된 김재찬(金載瓚)이 명을 거역하고 출근을 하지 않았다. 김재찬으로서는 좋은 문벌에 문과까지 합격하여 무관 벼슬이 탐탁하지 않았던 것이다. 며칠을 기다리던 이창운은 군관을 불러 추상같은 명령을 내렸다.

"어서 김재찬을 포박해 오너라. 군법으로 다스리겠다."

설마 자기를 어떻게 하랴 여기고 있던 김재찬으로서도 일이 이쯤 되자 당황하지 않을 수 없었다. 그래서 아버지 김익(金熤)에게 살려 달라고 애원하였다. 김익이 정승이기 때문에 잘 부탁하면 목숨만은 살려주지 않을까 하는 기대에서였다.

"네가 오만한 마음을 버리지 못하고 이제 국법을 어겼으니 낸들 어찌하겠느냐?"

아들이 하도 간청하자 김익은 편지 한 장을 써주어 보냈다. 김재찬이 끌려오자 이창운은 당장 형 집행을 서둘렀다. 다급해진 김재찬은 아버지의 서신을 꺼내 올렸다. 이창운이 받아 보니 그것은 아무 말도 쓰이지 않은 백지가 아닌가. 정승으로서 국법을 어긴 아들을 살려 달라고 할 수도 없고, 그렇다고 모른 체 할 수도 없는 아버지의 심정을 읽은 이창운은 김재찬을 하옥시키면서 이렇게 말했다.

"이번만은 특별히 네 아버지의 체면을 보아 목숨만은 살려 줄 터이니 나를 따라 군중 일을 배워라."

그날부터 이창운은 김재찬에게 평안도 일대의 지리와 국방의 상태를 가르쳤다. 김재찬은 이창운에 대한 처음의 야속한 마음을 풀고 열심히 배웠다. 얼마 후 이창운이 죽고, 김재찬이 재상이 되었는데, 홍경래(洪景來)가 평안도에서 난리를 일으켰다. 김재찬은 평안도에 나가본 적이 없었으나 이창운에게 배운 지식을 활용하여 곧 난을 평정할 수 있었다.

171. 마음을 비우면 본성이 나타난다.

> 심허즉성현하나니 불식심이구견성은 여발파멱월이요,
> 心虛則性現하나니 不息心而求見性은 如撥波覓月이요,
> 의정즉심청하나니 불료의이구명심은 여색경증진이라.
> 意淨則心淸하나니 不了意而求明心은 如索鏡增塵이라.

● 해석(解釋)

　마음을 비우면 본성이 나타나니, 마음을 쉬지 않으면서 본성을 보기를 구함은 마치 물결을 일으키면서 거기에 비친 달을 보려는 것과 같다. 뜻이 맑으면 마음도 맑게 되니, 뜻을 밝히지 않으면서 밝은 마음을 구하는 것은 마치 거울을 보면서 먼지를 더하는 것과 같다.

● 해설(解說)

　마음을 비워야 본심이 나타나는데, 마음을 비우려면 고요한 마음을 지녀야 한다. 고요한 마음 없이 본심을 찾으려는 것은 마치 파도를 일으켜 놓고 거기에 달이 비추기를 바라는 것과 같다. 생각을 고요하게 해야 마음이 맑아지는데 생각을 깨끗하게 하지 않고 밝은 마음을 찾는 것은 거울을 더럽혀 놓고 잘 비추기를 바라는 것과 같다.

172. 남이 나를 받드는 것은 지위 때문이다.

> 我貴而人奉之는 奉此峨冠大帶也요,
> 我賤而人侮之는 侮此布衣草履也라.
> 然則原非奉我니 我胡爲喜하며,
> 原非侮我니 我胡爲怒리오?

● 해석(解釋)

내가 고귀하여 남이 받드는 것은 나의 높다란 관(冠)과 큰 띠를 받드는 것이요, 내가 미천하여 남이 모욕하는 것은 베옷과 짚신을 모욕하는 것이다. 그러니 원래 나 자신을 받드는 것이 아니니 내가 무엇을 기뻐할 것이며, 원래 나 자신을 모욕하는 것이 아니니, 내가 무엇을 노할 것인가?

● 해설(解說)

내 신분이 귀하면 남들이 떠받들게 마련이나 생각해 보면 그것은 내 직책, 내 신분에 대한 존경이지 내 인격에 대한 존경은 아니다. 그래서 그 지위에서 물러나면 언제 그랬느냐는 듯이 돌아서니, 떠받든다 해서 기뻐할 것이 없고, 천시한다 하여 화를 낼 일이 아니라 오직 내 자신의 인격을 다듬어야 한다.

173. 사랑이 없으면 그저 물체일 뿐이다.

「爲鼠常留飯하고 憐蛾不點燈이라」하니
古人此等念頭는 是吾人一點生生之機라.
無此면 便所謂土木形骸而已니라.

● 해석(解釋)

'쥐를 위해 항상 밥을 남겨 두고, 부나비를 불쌍히 여겨 불을 켜지 않는다'라고 하였으니, 옛사람의 이런 마음은 우리의 한 가지 생생한 기틀이다. 이런 마음이 없으면 이른바 흙이나 나무로 된 형체에 불과할 뿐이다.

● 해설(解說)

쥐나 부나비를 위해서 밥찌꺼기를 남겨 두고 불을 켜지 않는 것이 옛날 사람들의 생활 태도였다. 가을철이 되면 가난한 사람들은 추수가 끝난 논에 나가 이삭을 주워 연명하던 때가 있었다. 점잖은 농부는 흩어진 이삭을 줍지 않는 걸 미덕으로 여겼다.

174. 마음의 바탕은 하늘의 바탕이다.

> 심체는 변시천체라.
> 心體는 便是天體라.
> 일념지희는 경성경운이요, 일념지노는 진뢰폭우요,
> 一念之喜는 景星慶雲이요, 一念之怒는 震雷暴雨요,
> 일념지자는 화풍감로요, 일념지엄은 열일추상이니,
> 一念之慈는 和風甘露요, 一念之嚴은 烈日秋霜이니,
> 하자소득이리오?
> 何者少得이리오?
> 지요수기수멸하여, 확연무애면 변여태허동체니라.
> 只要隨起隨滅하여, 廓然無碍면 便與太虛同體니라.

● 해석(解釋)

　마음의 본체는 바로 천체이다. 한 때의 기쁜 마음은 빛나는 별이나 상서로운 구름이요, 한 때 성내는 마음은 성난 우레와 폭풍우이며, 한 때의 자비로운 마음은 따뜻한 바람과 단 이슬이며, 한 때의 엄숙한 마음은 뜨거운 태양과 가을 서리이니, 어느 것인들 없을 수 있는가? 단지 그런 마음이 일어났다가 곧 없어져 확연히 막힘이 없으면 하늘과 한 몸이 될 것이다.

● 해설(解說)

　마음은 천체의 운행과 같아서 기뻐하고, 성내고, 자비롭고, 엄하기 마련이나 오래도록 마음에 두지 말고 그때그때 잊어버리고 마음에 한 점 티끌이 없게 해야 한다.

175. 일 없을 때 마음은 어두워지기 쉽다.

> 무사시엔 심이혼명하니 의적적이조이성성하고
> 無事時엔 心易昏冥하니 宜寂寂而照以惺惺하고,
> 유사시엔 심이분일하니 의성성이주이적적이라
> 有事時엔 心易奔逸하니 宜惺惺而主以寂寂이라.

● 해석(解釋)

  아무 일이 없을 때에는 마음이 쉽게 혼미해지니 마땅히 고요하고 밝게 비추어야 하고, 일이 있을 때에는 마음이 쉽게 방일(放逸)해지니 마땅히 마음을 밝게 하여 고요함을 주로 해야 한다.

● 해설(解說)

  아무 일이 없이 오래 지내다 보면 마음이 어두워지기 쉽고, 일이 바쁠 때에는 마음이 치달아 정신을 차리지 못하기가 쉽다. 그럴 때 일수록 고요하고 밝은 마음으로써 조절하여 절도 있게 해야 한다.

176. 일밖에 몸을 두어 이해를 살펴라.

> 의사자는 신재사외하여 의실리해지정하고
> 議事者는 身在事外하여 宜悉利害之情하고,
> 임사자는 신거사중하여 당망리해지려니라
> 任事者는 身居事中하여 當忘利害之慮니라.

● 해석(解釋)

　일을 의논하는 사람은 자신이 그 일 밖에 있으면서 이해의 실정을 다 알아야 하고, 일을 맡은 사람은 자신이 그 일 가운데 묻혀 마땅히 이해에 대한 생각을 버려야 한다.

● 해설(解說)

　무슨 일의 의논에 참여해서는 제 삼자의 공정한 마음으로 이해득실을 잘 알아서 결정해야 하고, 일을 맡아 처리할 때에는 자신이 그 일에 묻혀 자신의 이해득실을 잊어야 한다.

177. 몸가짐은 엄정하게 마음은 온화하게.

사군자가 처권문요로면
士君子가 處權門要路면
조리요엄명하고 심기요화이하여,
操履要嚴明하고 心氣要和易하여,
무소수이근성전지당하고
毋少隨而近腥羶之黨하고
역무과격이범봉채지독하라.
亦毋過激而犯蜂蠆之毒하라.

● 해석(解釋)

　사군자가 권문 요로에 있게 되면 지조와 행실은 엄격하고 분명히 하여야 하며, 마음은 화평하고 간이 해야 하며, 조금이라도 사리사

욕을 일삼은 무리들을 가까이 해서는 안 되며, 역시 과격하게 하여 악랄한 자들의 독심을 건드리지 말아야 한다.

● 해설(解說)

사군자라 하여 권세 있는 지위에 처하지 말라는 법은 없다. 요는 거드름을 피우거나 이익에 매달려서도 안 되고 과격하게 남의 화를 돋워 해침을 받아서도 안 된다.

178. 화기만으로 몸을 보전하라.

標節義者는 必以節義受謗하고
榜道學者는 常人道學招尤라.
故로 君子는 不近惡事하고 亦不立善名하니
只渾然和氣 纔是居身之珍이니라.

● 해석(解釋)

절의를 표방하는 자는 반드시 그 절의 때문에 비방을 받고, 도학을 표방하는 자는 항상 그 도학 때문에 허물을 부른다. 그러므로 군자는 나쁜 일을 가까이하지 않으면 역시 좋은 이름을 세우지 않으니, 단지 혼연한 화기만이 처신하는 보배이다.

● 해설(解說)

　절의와 도학은 군자가 닦아야 할 기본 덕목이지만 자칫 잘못하면 그것 때문에 비방과 허물을 부르게 된다. 그러므로 군자는 그걸 내세우지 말고 화평한 기운을 지녀 포용하는 덕이 있어야 몸을 잘 보존할 수가 있다.

179. 속이는 사람은 감동시켜라.

우 기 사 적 인 이 어 든 　이 성 심 감 동 지 하 고,
遇欺詐的人이어든 以誠心感動之하고,
우 폭 려 적 인 이 어 든 　이 화 기 훈 증 지 하 며,
遇暴戾的人이어든 以和氣薰蒸之하며,
우 경 사 사 곡 적 인 이 어 든 　이 명 의 기 절 격 려 지 하 면,
遇傾邪私曲的人이어든 以名義氣節激礪之하면,
천 하 에 　무 불 입 아 도 야 중 의 니 라.
天下에 無不入我陶冶中矣니라.

● 해석(解釋)

　사기성이 있는 사람을 만나거든 성심으로써 감동시키고, 포악스런 사람을 만나거든 화평한 마음으로 감화시키며, 간사하고 욕심이 많은 사람을 만나거든 명분과 의리, 기개와 절조로써 격려하라. 그렇게 하면 천하 모든 사람이 나의 감화를 받게 될 것이다.

● 해설(解說)

　아무리 흉악한 사람이라도 잘 감화시키면 개과천선할 수가 잇다. 헌종(憲宗) 때 사람 홍기섭(洪耆燮)은 집이 가난하였는데 하루는 유 씨 성을 가진 도둑이 들었다. 도둑이 훔칠 만한 것을 찾아도 없자 솥이라도 떼어 갈까 하고 열어 보니, 밥을 언제 해 먹었는지 새빨갛게 녹이 슬어 있는 게 아닌가? 불쌍한 생각이 든 도둑은 남의 집에서 훔쳐 온 돈 꾸러미를 솥에다 넣고 나왔는데, 이튿날 보니 그 돈을 찾아가라는 방이 붙어 있었다. 도둑은 홍기섭을 찾아가 무릎을 꿇었다.

　"저는 도둑놈입니다. 너무 딱한 처지이시기에 조금의 도움이라도 될까 싶어서 그랬사오니 그냥 받아 두십시오."

　홍기섭은 좋은 말로 사람의 도리를 타일러 그 도둑은 개과천선하고 그날부터 홍기섭 집에서 일을 거들었다. 그 후 홍기섭의 손녀딸은 헌종의 왕비가 되었다.

180. 자비심이 세상을 온화하게 한다.

일념자상은　가이온양양간화기요,
一念慈祥은 可以醞釀兩間和氣요,
촌심결백은　가이소수백대청분이라.
寸心潔白은 可以昭垂百代淸芬이라.

● 해석(解釋)

　한 가닥 자비심은 천지 사이의 온화한 기운을 빚고, 한 가닥 결백한 마음은 백대도록 많은 향기를 밝게 남기게 된다.

● 해설(解說)

자상한 마음은 천지에 화기를 불어 넣고, 청렴결백한 마음은 백년 후까지 이름을 남긴다.

181. 평범한 덕행만이 평화를 준다.

음모괴습과 이행기능은 구시섭세적화태니
陰謀怪習과 異行奇能은 俱是涉世的禍胎니
지일개용덕용행이 변가이완혼돈이소화평이라.
只一個庸德庸行이 便可以完混沌而召和平이라.

● 해석(解釋)

음흉한 모략과 괴이한 습관, 이상한 행동, 기이한 능력은 모두 처세하는 데에 화를 잉태시킨다. 그러니 하나의 평범한 덕과 행실만이 본성을 완전히 하고 화평을 이룬다.

● 해설(解說)

상도(常道)에 벗어난 행동은 물론 기이한 능력도 군자는 숭상하지 않는다.

명종 때 사람 정렴(鄭礦)은 기이한 능력을 많이 행하여 신인(神人)이라 불렸다. 한번은 그의 친구가 중병에 걸려 살아날 수 없는 지경에 이르렀다. 정렴은 자신의 능력을 이용하여 그 친구의 생명을 10년 연장시켜 주었는데, 대신 귀신의 노여움을 받아 자신의 수를 10년 빼앗겼다 한다.

182. 세상살이의 첩경은 참는 것이다.

> 語에 云하되「登山耐側路 하고 踏雪耐危橋라」하니
> 一耐字는 極有意味라.
> 如傾險之人情과 坎坷之世道에 若不得一耐字하여
> 撑持過去면 幾何不墮入榛莽坑塹哉리오?

● 해석(解釋)

　옛말에 이르기를 '산에 오르려면 험한 길을 견디어야 하고, 눈길을 걸으려면 위험한 다리도 견디어야 한다'라고 하였으니, '견딜 내(耐)' 한 글자에 지극한 뜻이 있다. 만일 험악한 인정과 세상길을 살아가는 데 이 '견딜 내'자 하나를 가지고 버티어 나가지 않으면 가시덤불이나 구덩이에 떨어지지 않을 사람이 몇이나 되겠는가?

● 해설(解說)

　인내심은 세상을 살아가는 데 가장 필수적인 요소이다. 어떨 때는 험한 산길을 오르듯 고통스럽지만 견디고 나면 자신만이 아는 쾌감을 느낀다.

183. 마음이 밝은 자가 당당한 자이다.

> 과령공업과　현요문장은
> 誇逞功業과 炫燿文章은
> 개시고외물주인이니　부지심체영연하여
> 皆是靠外物做人이니 不知心體瑩然하여
> 본래불실이면　즉무촌공척자라도
> 本來不失이면 卽無寸功隻字라도
> 역자유당당정정주인처라.
> 亦自有堂堂正正做人處라.

● 해석(解釋)

　공덕과 업적을 과시하고 문장을 자랑함은 모두 자기 밖의 물(物)에 의지하는 사람들이다. 그들은 마음의 본체가 환히 빛나서 본래의 것을 잃지 않으면 약간의 공로와 한 마디 문자가 없더라도 역시 정정당당한 사람이 된다는 사실을 모른다.

● 해설(解說)

　공로와 문장으로 찬란히 이름을 빛낸 사람은 자신의 명성을 과시하지만 그 명성은 사람들이 만들어준 것이므로 언제 사라질지 모른다. 그런 사람이 주의해야 할 것은 마음의 본체가 밝아서 본래의 것을 잃어서는 안 된다. 본래의 심체를 잃지 않으면 조금의 공로나 한 글자의 문장이 없더라도 정정당당하다는 사실을 알아야 한다.

184. 평소에 마음의 주체를 세워라.

> 망리에 요투한이면 수선향한시토개파병하고
> 忙裡에 要偸閒이면 須先向閒時討個杷柄하고
> 뇨중에 요취정이면 수선종정처립개주재하라.
> 鬧中에 要取靜이면 須先從靜處立個主宰하라.
> 불연이면 미유불인경이천하고 수사이미자니라.
> 不然이면 未有不因境而遷하고 隨事而靡者니라.

● 해석(解釋)

 바쁠 때 한가함을 누리려면 모름지기 우선 한가할 때에 마음의 줏대를 세워 놓아야 하고, 소란할 때에 고요함을 얻으려면 모름지기 조용한 곳에 있을 때에 마음을 세우라. 그렇지 않으면 마음이 환경에 따라 달라지고 일에 따라 흔들리지 않을 사람이 없다.

● 해설(解說)

 망중한(忙中閒)을 즐기려면 미리 한가할 때에 마음의 줏대를 세워 놓아야 하며, 소란스러운 중에서도 고요함을 누리려면 미리 고요한 때에 마음의 주인을 세워야 한다. 그렇지 않으면 마음이 경우에 따라 움직이게 된다.

185. 사물의 힘을 다 쓰지 말라.

> 불매기심하고 부진인정하며 불갈물력하라.
> 不昧己心하고 不盡人情하며 不竭物力하라.
> 삼자가이위천지립심하고
> 三者可以爲天地立心하고
> 위생민입명하며 위자손조복이라.
> 爲生民立命하며 爲子孫造福이라.

● 해석(解釋)

　자신의 마음을 어둡게 하지 말고, 인정을 다 하지 말며, 재물을 다 쓰지 말라. 이 세 가지는 천지를 위하여 마음을 세우고 백성을 위하여 명을 세우며, 자손을 위하여 복을 만들 수 있다.

● 해설(解說)

　어두운 마음의 소유자, 인정이 메마른 사람, 재물을 낭비하는 사람이 되어서는 안 된다. 마음이 밝으면 천지에 떳떳한 마음이 되고, 인정이 많으면 백성들을 위할 수 있고, 재물을 다 쓰지 않으면 자손에게 복을 누리게 할 수 있다.

186. 청렴하면 위엄이 생긴다.

거관에 유이어하니
居官에 有二語하니
왈「유공즉생명하고 유렴즉생위요」
曰「惟公則生明하고 惟廉則生威요」
거가에 유이어하니
居家에 有二語하니
왈「유서즉정평하고 유검즉용족이라.」
曰「惟恕則情平하고 惟儉則用足이라.」

● 해석(解釋)

　벼슬하는 사람을 위한 두 마디 말이 있으니, '공정하면 명찰이 생기고, 청렴하면 위엄이 생긴다'는 말이다. 집에 있으면서도 두 말이 있으니 '용서하면 마음이 평화롭고, 검약하면 쓰임이 넉넉하다'는 말이다.

● 해설(解說)

　벼슬하는 사람은 공평하게 해서 명철을 잃지 말고, 청렴하여 위엄을 잃지 말아야 한다. 집에 있을 때에는 용서하여 평정한 마음을 갖고, 검약하여 용도에 부족이 없어야 한다.

187. 젊었을 때 노쇠할 때를 생각하라.

처부귀지지엔 요지빈천적통양하고,
處富貴之地엔 要知貧賤的痛癢하고,
당소장지시엔 수념쇠로적신산하라.
當小壯之時엔 須念衰老的辛酸하라.

● 해석(解釋)

부귀한 처지에 있을 때는 가난하고 천한 사람의 고통을 알아야 하고, 젊은 시절에는 모름지기 늙고 쇠약한 사람의 괴로움을 생각해야 한다.

● 해설(解說)

부귀하게 되어서는 가난하고 천한 사람의 아픈 곳을 잊어서는 안 되고, 젊은 사람들은 모름지기 늙은이의 괴로움을 알아야 한다.

한말 때 이시원(李是遠)은 왕족 후예로 집이 가난해서 돗자리를 짜 생계를 유지하였다. 후에 벼슬하여 재상의 지위에 올랐으나 어려서의 가난을 잊지 않기 위해 관청의 일이 끝나면 자리를 짰는데, 사람들이 그 자리를 '이 승지의 돗자리'라고 하면서 서로 갖기를 원했다. 그는 병인양요로 프랑스 함정이 강화도에 상륙한데 분개하여 자결한 강개한 사람이었다.

188. 지나치게 깨끗하게 분명하게 살지 말라.

> 持身엔 不可太皎潔이니 一切汚辱垢穢를 要茹納得이요,
> 與人에 不可太分明이니 一切善惡賢愚를 要包容得이라.

● 해석(解釋)

 몸가짐을 너무 깨끗하게 해서는 안 되니 일체의 더럽고 때 묻음을 받아들여야 하고, 남과 사귐에 너무 분명하게 해서는 안 되니 일체의 선악과 현명하고 어리석은 사람을 포용해야 한다.

● 해설(解說)

 중국 초(楚)나라 대부(大夫) 굴원(屈原)은 처신을 너무 교결하게 가져 세상의 용납을 받지 못하고 먹라수에 몸을 던졌다. 어부(漁夫)가 그를 보고는 어찌 이 지경이 되었느냐고 물었다. 그러자 굴원은,
 "온 세상이 다 혼탁한데 나만이 홀로 청렴하고, 모든 사람이 다 취해 있는 데 나만이 홀로 깨어 있어 추방을 당했다."
 라고 하였다. 그러자 어부는 빙그레 웃으며 창랑가를 부르며 사라졌다.
 "창랑의 물 맑거든 내 갓끈을 씻을 것이요, 창랑의 물이 흐리면 내 발을 씻으리라."

189. 소인과 원수를 맺지 말라.

> 休與小人仇讐하라. 小人은 自有對頭니라.
> 休向君子諂媚하라. 君子는 原無私惠니라.

● 해석(解釋)

　소인배와 더불어 원수를 맺지 말라. 소인배들에게는 스스로 적대심이 있다. 군자에게 아첨하지 말라. 군자에게는 원래 사사로운 은혜가 없느니라.

● 해설(解說)

　소인배와 원수를 맺어서도 안 되고 군자에게 아첨해서도 안 된다.
　고려 의종(毅宗) 때 사람 김돈중(金敦中)은 김부식(金富軾)의 아들로 명성을 얻고 있었다. 그런데 한번은 궁궐 연회에서 무신(武臣) 정중부(鄭仲夫)의 수염을 촛불로 태워 모욕을 주어 원한을 사게 되었다. 그 때에는 주위의 만류로 별탈이 없었으나 후에 정중부가 난을 일으켜 권력을 장악하자, 제일 먼저 화를 당할 것을 알고는 산 속으로 숨었으나 끝내 면하지 못하고 죽음을 당했다.

190. 이론에 집착함은 고치기 어렵다.

> 종욕지병은 가의나 이집리지병은 난의요
> 縱欲之病은 可醫나 而執理之病은 難醫요
> 사물지장은 가제나 이의리지장은 난제라
> 事物之障은 可除나 而義理之障은 難除라.

● 해석(解釋)

 함부로 욕심을 부리는 병은 고칠 수가 있으나 이치를 고집하는 병은 고칠 수가 없으며, 사물에 의한 장애는 제거할 수가 있으나 의리로 쳐진 장애는 제거하기가 어렵다.

● 해설(解說)

 멋모르고 탐욕을 부리는 자는 고칠 수가 있으나 이치를 내세워 고집하는 자는 고치기가 어렵고, 사물에 가린 장벽은 허물면 그만이지만 의리의 벽은 제거하기가 힘들다.

191. 쉽게 이룬 수양은 수양이 아니다.

> 마려는 당여백련지금이니 급취자는 비수양이요.
> 磨礪는 當如百鍊之金이니 急就者는 非邃養이요,

시위는 의사천균지노니 경발자는 무굉공이라.
施爲는 宜似千鈞之弩니 輕發者는 無宏功이라.

● 해석(解釋)

  인격을 갈고 다듬는 것은 마땅히 백 번 단련한 쇠와 같이 해야 하니, 급하게 이룬 것은 깊은 수양이 아니요, 일을 시행함은 마땅히 3천근이나 되는 쇠뇌와 같아야 하니, 가볍게 쏘아서는 큰 공이 없다.

● 해설(解說)

  인격을 수양하는 것은 좋은 쇠를 만들 듯 백 번, 천 번 단련해야지 급히 서둘러서는 안 되며, 일의 시행은 3천 근 되는 쇠뇌를 당기듯 힘차게 해야지 가볍게 해서는 성공하지 못한다. 큰 인물을 내기 위해서는 하늘이 그를 단련시키기 위해 많은 시련을 주는 법이니 극복해야 한다.

192. 귀에 쓴 말이 약이 된다.

영위소인소기훼이언정 무위소인소미열하고,
寧爲小人所忌毁이언정 毋爲小人所媚悅하고,
영위군자소책수이언정 무위군자소포용하라.
寧爲君子所責修이언정 毋爲君子所包容하라.

● 해석(解釋)

　소인배에게 헐뜯음을 당할지언정 소인배의 아첨과 기쁨을 받지 말며, 차라리 군자의 꾸지람을 받을지언정 군자의 감싸줌을 당하지 말라.

● 해설(解說)

　소인배에게 미움을 받는 것이야 부끄러울 것이 없으나 그들에게 잘 보이는 것은 부끄럽게 여겨야 한다. 또 군자에게 꾸중을 듣는 것은 그가 나를 꾸짖을 만한 가치가 있는 사람으로 여겨서일 것이니 괜찮지만, 아예 용납해 주는 것은 내가 족히 꾸짖을 가치가 없는 사람으로 여겨서이니 부끄러운 일이다.

193. 이욕의 해보다 명예욕의 해가 깊다.

> 호리자는 일출어도의지외하여　기해현이천이나,
> **好利者는 逸出於道義之外하여 其害顯而淺이나,**
> 호명자는 찬입어도의지중하여　기해은이심이라
> **好名者는 竄入於道義之中하여 其害隱而深이라.**

● 해석(解釋)

　이익을 좋아하는 자는 도의 밖으로 벗어나서 그 해가 드러나지만 얕고, 명예를 좋아하는 자는 도의 가운데로 숨어들어 그 해는 보이지 않으나 깊다.

● 해설(解說)

아예 도리에서 벗어나 행동하는 이익을 쫓는 무리는 그 해가 드러나 얇지만, 명예를 좋아하는 사람은 도의를 가장하기 때문에 그 해가 잘 드러나지 않아 더 깊다. 겉으로는 명예 따위에 전혀 관심이 없는 듯 처신하며 명예를 얻는 위선자들은 어느 세상에나 흔하였다.

194. 각박과 경박을 경계하라.

수인지은은 수심불보하고 원즉천역보지하며,
受人之恩은 雖深不報하고 怨則淺亦報之하며,
문인지악은 수은불의하고 선즉현역의지하니,
聞人之惡은 雖隱不疑하고 善則顯亦疑之하니,
차는 각지극이요 박지우야라. 의절계지니라.
此는 刻之極이요 薄之尤也라. 宜切戒之니라.

● 해석(解釋)

남에게 받은 은혜는 비록 깊더라도 갚지 않고, 원한은 비록 얕더라도 갚으며, 남의 악함을 들으면 비록 은밀한 것이라도 의심하지 않고, 선하다는 말을 들으면 뚜렷한데도 의심하니, 이는 각박함의 극치이므로 마땅히 경계해야 한다.

● 해설(解說)

　남에게 받은 깊은 은혜는 갚을 줄 모르고 얕은 원한은 갚으며, 남의 악행은 확실하지 않은데도 믿기를 의심치 않으며 남의 선행은 분명하게 드러난 것이라도 의심하는 게 보통 사람의 마음이다. 그러나 이는 각박한 세태이니 경계해야 한다.

195. 헐뜯음은 밝혀지나 아첨은 깨닫기 어렵다.

참부훼사는 여촌운폐일하여 불구자명이요,
讒夫毁士는 如寸雲蔽日하여 不久自明이요,
미자아인은 사극풍침기하여 불각기손이라.
媚子阿人은 似隙風侵肌하여 不覺其損이라.

● 해석(解釋)

　아첨하고 헐뜯기를 좋아하는 선비는 마치 작은 구름이 해를 가리는 것과 같아 오래지 않아 저절로 밝아지지만 아양을 떨고 아부하는 사람은 틈 사이로 들어오는 바람이 살갗에 스며드는 것과 같아서 깨닫지 못한다.

● 해설(解說)

　남을 헐뜯는 사람은 작은 구름이 잠시 해를 가리 듯하여 오래지 않아 스스로 밝혀지게 마련이나, 아첨하는 사람은 문틈으로 들어오는 바람처럼 자신도 모르는 사이에 손상을 입는다.

196. 높고 험한 산에 나무가 자라지 못한다.

> 산지고준처에 무목이계곡회환 즉초목총생하고,
> 山之高峻處에 無木而谿谷廻環 則草木叢生하고,
> 수지단급에 무어이연담정축 즉어별취집하니,
> 水之湍急에 無魚而淵潭停蓄 則魚鼈取集하니,
> 차고절지행과 편급지충을 군자는 중유계언이라.
> 此高絕之行과 褊急之衷을 君子는 重有戒焉이라.

● 해석(解釋)

  산의 고지대에는 나무가 없으나 계곡의 굽어진 곳에는 초목이 무성하고, 물이 급히 흐르는 여울에는 물고기가 없지만 물이 고인 연못에는 물고기와 자라가 모여든다. 이는 높고 뛰어난 행실과 좁고 급한 마음을 군자는 깊이 경계해야 한다는 것을 말한다.

● 해설(解說)

  너무 높은 산꼭대기에는 나무가 자라지 못하나 저지대에는 잘 자라며, 물살이 거센 여울에는 물고기가 놀지 못하지만 고인 물에는 물고기가 모여들 듯, 사람의 경우도 너무 고상한 행실만을 하면 사람들이 따르지 않는다.

197. 원만한 사람이 성공한다.

> 건공립명자는 다허원지사요.
> **建功立名者는 多虛圓之士요,**
> 분사실기자는 필집요지인이라.
> **僨事失機者는 必執拗之人이라.**

● 해석(解釋)

공을 세우고 명성을 얻은 사람은 허심탄회하고 원만한 사람이 많으며, 일을 실패하고 기회를 놓친 사람은 반드시 집요한 사람이다.

● 해설(解說)

허심탄회하고 원만한 사람은 공을 세울 수 있지만, 고집이 센 사람은 일을 그르치고 기회를 놓치는 수가 많다.

고려(高麗) 태조 왕건(王建)은 성격이 원만하여 부하들의 마음을 샀다. 그에 비해 그가 섬기고 있던 궁예(弓裔)는 성격이 포악하고 고집이 세 마침내 태봉국(泰封國)은 왕건의 차지가 되고 말았다. 한번은 심통술을 가졌다고 자처하는 궁예가 왕건을 불러 한참 노려보더니, 호통을 쳤다.

"어제 장수들과 함께 왜 나를 배반할 모의를 하였는가?"

왕건은 어처구니가 없어 그렇지 않다고 변명하려 하는데, 궁예 옆에 있던 최응이란 사람이 붓두껍을 일부러 떨어뜨리고는 그걸 줍는 척하며 왕건 옆으로 다가와 가만히 속삭였다.

"모의를 했다고 하십시오. 그렇지 않으면 죽습니다."

왕건은 그의 말대로 반역 모의를 했노라고 허위 자백을 했다. 그러자 궁예는 기분이 좋아져 너털웃음을 웃었다.

"그래 내 심통술은 속일 수 없지. 내 이번만은 특별히 용서해 주겠다."

그리고는 후한 상까지 내렸는데, 이는 평소 왕건이 원만한 성격으로 인심을 얻고 있었기 때문이다.

198. 싫어하게도 기뻐하게도 하지 말라.

處世에 不宜與俗同하고 亦不宜與俗異하며,
作事에 不宜令人厭하고 亦不宜令人喜니라.

● 해석(解釋)

세상을 살아가면서는 세속과 함께 해서도 마땅하지 않으며, 또 세속과 다르게 해서도 안 된다. 일을 하면서는 사람들이 싫어하게 해서도 안 되고, 또 사람들이 기쁘게 해서도 안 된다.

● 해설(解說)

처세에는 중도의 길을 걸어야 한다. 중도란 이쪽이나 저쪽에 치우치지 않는 것을 말하지만 이쪽에 붙고 저쪽에 붙는 회색분자를 말하는 것은 아니다. 그러나 그 길은 그리 쉽지 않아서 자칫하면 주견(主見)이 없는 기회주의자로 지탄 받기가 쉽다.

199. 만년에 정신을 더욱 가다듬어라.

日既暮而猶烟霞絢爛하고 歲將晚而更橙橘芳馨이라.
일기모이유연하현란하고 세장만이갱등귤방형이라.
故로 末路晚年을 君子는 更宜精神百倍하니라.
고로 말로만년을 군자는 갱의정신백배하니라.

● 해석(解釋)

날이 저물어도 놀은 오히려 아름답고, 한 해가 곧 저물려 하는데도 귤의 향기는 더 향기롭다. 그러므로 군자는 인생의 말년에 정신을 백 배 더 차려야 한다.

● 해설(解說)

인생의 황혼기인 말년은 흔히 편하게 지내야 한다고 한다. 그러나 그것은 욕심을 적게 갖고 달관의 경지를 즐기라는 것이지 아무 일도 하지 말라는 뜻은 아니다.

영조 때 사람 정호(鄭澔)는 영의정을 지낸 다음 고향인 충주로 물러나 한가하게 지내고 있었다. 그 때 이형좌가 왕명을 전할 일이 있어 정호를 찾아 갔더니 정원에 배나무 접목을 하고 있었다. 이때 정호의 나이 이미 80세인 것을 안 이형좌가 웃으며 물었다.

"그 배를 드실지 모르겠습니다."

몇 년 후 이형좌가 충청 감사가 되어 정호를 찾아가 보니 술상에 크고 잘 익은 배 10개가 곁들여 나왔는데 맛이 아주 좋아서 물었다.

"어디서 이런 좋은 배를 구하셨습니까?"

그러자 정호는 웃으면서 이렇게 말했다.

"그 때 자네가 나더러 먹지 못하고 죽을 것이라고 한 그 배나무에 열린 것이라네."

200. 재주와 총명함을 드러내지 말라.

응립여수하고 호행사병하니 정시타확인서지수단처라.
鷹立如睡하고 虎行似病하니 正是他攫人噬之手段處라.
고로 군자는 요총명불로하고 재화부령하니
故로 君子는 要聰明不露하고 才華不逞하니
재유견홍임거적력량이라.
纔有肩鴻任鉅的力量이라.

● 해석(解釋)

매는 조는 듯이 서 있고, 범은 아픈 듯이 걸으니 이는 바로 남을 움켜잡아 먹는 수단인 것이다. 그러므로 군자는 총명함을 드러내지 않고 재주를 나타내지 않아야 겨우 큰 임무를 맡을 역량을 지닌 것이다.

● 해설(解說)

　자신의 총명과 재능을 드러내서는 안 된다.

　선조 때 사람 최영경(崔永慶)은 학식과 행실이 뛰어난 인물로 벼슬에 뜻을 두지 않은 고사(高士)였다. 그런데 본인의 뜻은 아니었으나 차츰 유명한 사람들이 드나들면서 이름이 세상에 알려지기 시작했는데 그것이 탈이었다. 정여립(鄭汝立)의 모반 사건이 일어나자 그의 이름도 그 가운데 끼어있어 여러 사람들이 구원했으나 마침내 살아남지 못했다. 임금은 그의 무죄를 밝히는 신하들에게 말했다.

　"산림의 처사(處士)로서 높은 벼슬아치들과 사귀어 이름을 얻고자 했으니, 그런 처사가 어디 있겠는가?"

201. 겸양이 지나치면 비굴함이 된다.

검은 미덕야나 과즉위간린하고
儉은 美德也나 過則爲 吝하고

위비색하여 반상아도하고,
爲鄙嗇하여 反傷雅道하고,

양은 의행야나 과즉위족공하고
讓은 懿行也나 過則爲足恭하고

위곡근하여 다출기심이라.
爲曲謹하여 多出機心이라.

● 해석(解釋)

　검소함은 미덕이기는 하지만 지나치면 인색이 되고 비색하여 도

231

리어 정도(正道)를 해치며, 겸양은 아름다운 행실이기는 하나 과하면 지나친 공손이 되고 비굴함이 되어 엿보는 마음이 많게 된다.

● 해설(解說)

　미덕으로 통하는 검소도 지나치면 인색이 되며, 겸양하는 것도 아름다운 행실이기는 하지만 지나치면 비굴하게 되거나 엿보는 마음이 있게 된다. 중종 때 사람 안탄대(安坦大)는 집이 매우 가난하였는데, 그의 딸이 중종의 후궁이 되면서 집안 형편이 조금씩 펴지게 되었다. 그런데 그의 외손자 덕흥대군(德興大君)의 아들이 왕위를 이으니 바로 선조(宣祖)이다. 이처럼 귀한 신분이 되었는데도 안탄대는 가난했던 시절 그대로 검소한 생활을 하다가 만년에는 눈이 멀어 앞을 보지 못하게 되었다. 선조는 어떻게든 외증조의 노후를 영화롭게 해주려고 했으나 안탄대는 분수 밖의 일이라면서 거절했다. 한 겨울에는 선조가 수달피 털로 만든 옷을 내리고 싶은데, 그가 받을지 의문이었다. 그래서 사람을 시켜 그런 뜻을 물어보게 하였다. 안탄대는 펄쩍 뛰었다.

　"저는 본디 미천한 사람이어서 수달피 옷을 입는 것도 죽을죄에 해당되고, 임금의 명을 거역하는 것도 죽을죄이니 어차피 죽을 바에는 분수를 지키다 죽겠습니다."

　선조는 그의 뜻을 굽힐 수 없음을 알고는 거짓으로 개 가죽 옷이라고 속여 내렸다. 그러자 안탄대는 그걸 어루만지며 이렇게 말했다.

　"상의 분부가 그러하시니 어찌 개 가죽 옷까지 사양하겠는가? 그런데 궁중의 개 가죽이어서 그런지 털이 몹시 부드럽구나."

202. 처음이 어렵다고 꺼리지 말라.

무 우 불 의 하 고　무 희 쾌 심 하 며
毋憂拂意하고 **毋喜快心**하며
무 시 구 안 하 고　무 탄 초 난 하 라
毋恃久安하고 **毋憚初難**하라.

● 해석(解釋)

　마음대로 되지 않음을 걱정하지 말고, 마음이 상쾌하다 하여 기뻐하지 말며, 오래 편안함을 믿지 말고, 처음의 어려움을 걱정하지 말라.

● 해설(解說)

　일이 마음대로 되지 않는다고 역정을 내지 말고, 뜻대로 잘 풀린다 해서 기뻐하지 말며, 지금의 행복이 영원히 계속되리라 믿지 말고, 초년의 고생을 달게 여기라.

203. 술잔치가 잦은 집은 좋은 집이 아니다.

음 연 지 락 다 는　불 시 개 호 인 가 요
飮宴之樂多는 **不是個好人家**요,

성화지습승은　불시개호사자며,
聲華之習勝은 不是個好士子며,
명위지렴중은　불시개호신사라.
名位之念重은 不是個好臣士라.

● 해석(解釋)

　연회의 즐거움이 많으면 훌륭한 집안이 아니요, 화려한 명성을 좋아하는 습성이 지나치면 훌륭한 선비가 아니며, 명예와 지위에 대한 마음이 중하면 훌륭한 신하가 아니다.

● 해설(解說)

　살다보면, 즐거운 연회가 없을 수 없고 명예를 지키지 않을 수가 없다. 다만 그것이 즐겁고 좋은 것인 줄만 알되 분수를 모르고 깊이 빠져서는 안 된다. 특히 지위에 대해 너무 집착하다 보면 욕이 따르게 된다.

204. 즐거움에 이끌려 피로운 곳으로 간다.

세인은　이심긍처위락이라　각피락심인재고처하고,
世人은 以心肯處爲樂이라 却被樂心引在苦處하고,
달사는　이심불처위락이라　종위약심환득락래라.
達士는 以心拂處爲樂이라 終爲若心換得樂來라.

● 해석(解釋)

  세상 사람들은 마음에 드는 것으로 즐거움을 삼기 때문에 그 즐거움에 이끌려 괴로운 곳에 처하고, 달통한 선비는 마음에 거슬리는 것을 즐거움으로 삼기 때문에 마침내는 고심하던 것이 즐거움으로 바뀌어 오게 된다.

● 해설(解說)

  보통 사람은 즐거운 것을 즐길 줄만 알고 이것이 도리어 괴로움을 자초하는 것임을 모른다. 그러나 달관한 선비는 마음에 거슬리는 바를 반성하고 해결하는 것을 즐거움으로 삼아서 그 고통으로 인해 즐거움이 오게 한다. 즐거움이 극진하면 슬픔이 오게 되고 고통이 극에 이르면 기쁨이 온다.

205. 만족스런 상태는 불안하다.

> 거영만자는 여수지장일미일하여 절기재가일적이요,
> 居盈滿者는 如水之將溢未溢하여 切忌再加一滴이요,
> 처위급자는 여목지장절미절하여 절기재가일닉이라.
> 處危急者는 如木之將折未折하여 切忌再加一搦이라.

● 해석(解釋)

  가득 차 있는 사람은 마치 물이 곧 넘치려다가 아직 넘치지 않은 것과 같아서 다시 한 방울을 더 하는 것을 아주 꺼리는 것이요, 위급함에 처한 자는 마치 나무가 곧 꺾이려다 아직 꺾이지 않은 것과 같아서 조금이라도 건드리는 것을 아주 꺼려한다.

● 해설(解說)
가득찬 그릇에 한 방울의 물을 더하면 쏟아지고, 곧 넘어지려는 위태로운 나무는 약간만 건드려도 쉽게 쓰러진다. 지위, 부, 명예 같은 것도 이와 같으니 그럴 때에는 스스로 덜어 내는 지혜가 필요하다.

206. 냉철한 마음으로 도리를 생각하라.

냉안관인하고 냉이청어하며
冷眼觀人하고 冷耳聽語하며
냉정당감하고 냉심사리하라.
情當感하고 冷心思理하라.

● 해석(解釋)
냉철한 눈으로 사람을 보고, 냉철한 귀로 말을 듣고, 냉철한 정으로 느끼고, 냉철한 마음으로 이치를 생각하라.

● 해설(解說)
냉정한 마음으로 사람을 관찰하고, 남의 말을 들으며, 느끼고 생각하라. 흥분하고 들떠서 한 일은 후회가 많게 된다.

207. 너그러우면 복이 두텁다.

> 인인은 심지관서하니
> 仁人은 心地寬舒하니
> 변복후이경장하여 사사성개관서기상하고.
> 便福厚而慶長하여 事事成個寬舒氣象하고,
> 비부는 염두박촉하니
> 鄙夫는 念頭迫促하니
> 변록박이택단하여 사사득개박촉규모니라.
> 便祿薄而澤短하여 事事得個迫促規模니라.

● 해석(解釋)

  어진 사람은 마음이 너그러워서 복이 두텁고 경사가 오래가서 하는 일마다 너그러운 기상을 이루며, 비루한 사람은 마음이 성급하여 봉록(俸祿)이 박하고 은택이 짧아 하는 일마다 규모가 촉박하게 된다.

● 해설(解說)

  어진 사람은 마음이 관대하여 축복을 받으나 비루한 사람은 생각이 조급하여 복록(福祿)이 박하다.
  명종 때 사람 상진(尙震)은 성품이 너그럽고 남의 단점을 말하지 않기로 유명한 재상이었다. 그가 한 번은 유명한 점쟁이 홍계관(洪繼寬)에게 점을 보았더니, 몇 년 후 어느 날 죽는다고 예언을 했다. 그래서 수의까지 마련해 놓고 기다렸는데 그날이 지나도 아무 탈이 없었다. 며칠이 지나 길에서 홍계관을 만났다.

"그대의 예언대로라면 나는 이미 죽었어야 하는데, 어찌된 일인가?"

홍계관이 물었다.

"혹시 최근에 무슨 좋은 일을 하신 적이 없는지 생각해 보십시오. 좋은 일을 하면 하늘의 명도 되돌릴 수가 있습니다."

한참 생각에 잠긴 상진은 이렇게 말했다.

"뭐 특별히 좋은 일을 한 적은 없고, 며칠 전 길에서 은그릇 한 벌을 주워 주인을 찾아준 일은 있었지."

"바로 그것입니다."

그 은그릇은 궁궐의 그릇으로 담당자가 몰래 자기 집 잔치에 쓰고는 다시 가져다 놓으려 했는데 그만 길에서 잃어버린 것으로, 상진은 그걸 뻔히 알면서도 모른 체 주인에게 돌려주어 죽음을 면하게 했던 것이다.

208. 쉽게 사귀거나 미워하지 말라.

문악이라도　불가취오니　공위참부설노요,
聞惡이라도 不可就惡니 恐爲讒夫洩怒요,
문선이라도　불가급친이니　공인간인진신이라.
聞善이라도 不可急親이니 恐引奸人進身이라.

● 해석(解釋)

　남의 악을 듣더라도 미워해서는 안 되니, 참소하는 사람이 화풀이를 할까 두렵고, 남의 착함을 듣더라도 재빨리 친하지 말 것이니, 간사한 사람의 출세를 이끌어줄까 두렵다.

● 해설(解說)

　남의 악을 들었다 해서 성을 내면 해를 받기가 쉽고, 선한 일을 들었다 해서 금방 친해 놓으면 자칫 그 사람이 참으로 선한 사람이 아니면 그를 천거한 책임을 지지 않을 수 없으니 신중을 기해야 한다.

209. 평화롭고 유순하면 복이 모여든다.

> 성조심조자는 일사무성이요,
> 性燥心粗者는 一事無成이요,
> 심화기평자는 백복자집이니라.
> 心和氣平者는 百福自集이니라.

● 해석(解釋)

　성질이 급하고 마음이 거친 자는 한 가지 일도 성취할 수가 없고, 마음이 온화하고 기질이 평온한 자는 백 가지 복이 스스로 모인다.

● 해설(解說)

　우물에 가서 숭늉 달라고 하는 사람이 성공할 리 없다. 성질이 조급한 사람은 화를 잘 내고 실수를 많이 하고, 마음이 화평한 사람은 저절로 복이 따르게 된다.

　조선 시대 대표적인 명정승인 황희(黃喜)는 성품이 관대하여 누가 보면 줏대가 없는 것 같았다. 종들이 싸우다가 황희에게 찾아와 서로 옳다고 주장하면서 판단해 줄 것을 청하면 황희는 그저 "네 말도 옳고, 네 말 또한 옳다."라고 분명한 말을 하지 않았다. 이를 보다 못한 부인이 "한 사람이 옳으면 한 사람이 그를 터인데 어찌 모두 옳다고 하시오?"하니 황희는 빙그레 웃으며 "부인의 말 역시 옳구려" 하였다. 그의 집 뜰에 복숭아나무가 한 그루 있었는데 복숭아가 익을 무렵이면 동네 아이들이 몰려들어 따먹기가 일쑤였다. 그걸 보면 황희는,

　"애들아, 다 따지 말고 내 몫을 남겨두어야 한다."

　하였다.

210. 사람을 쓸 때 각박하게 하지 말라.

用人엔 不宜刻이니 刻則思效者去하고,
交友엔 不宜濫이니 濫則貢諛者來하니라.

● 해석(解釋)

　사람을 쓰면서는 각박하게 해서는 안 되니, 각박하게 하면 효과를 내려는 사람이 떠나가고, 벗을 사귐에는 지나치게 해서는 안 되니, 지나치면 아첨하는 사람이 오게 된다.

● 해설(解說)

　사람을 너무 각박하게 부리면 언젠가는 떠날 것을 생각한다. 친구를 사귈 때에도 친하다 해서 함부로 대하면 아첨 좋아하는 친구만 남게 되니 조심해야 한다.

　중종 때 사람 조언형(曺彦亨)과 강혼(姜渾)은 절친한 사이였다. 단천군수(端川郡守)로 있을 때였는데, 강혼이 상관이 되어 순시를 온다는 소문이 들렸다. 조언형은 식구들에게 떠날 채비를 시키고 술 몇 말을 마련하게 했다. 아전이 마중을 나가야 한다고 하였으나 조언형은 병이 나서 갈 수 없다고 전하게 하고는 그날 밤 술을 들고 감사가 있는 곳으로 갔다.

　"강혼아, 어디 있는가?"

　"나 여기 있네. 어서 오게."

　두 사람은 오랜만에 만난 터라 안주도 없이 술을 나누었다. 술이 거나해지자 조언형에게 호통을 쳤다.

　"자네가 어려서는 총명이 뛰어나고 행실이 발라 친구로 사귀었는데 근래의 자네 행실을 보니 내 마음에 들지 않네. 이렇게 만나 내 뜻을 전했으니, 이후 관계를 끊겠네."

　그리고는 벼슬을 버리고는 그 고장을 떠났다.

211. 유혹 많으면 먼 곳을 바라보라.

風斜雨急處엔 要立得脚定하고,
花濃艶處엔 要著得眼高하며
路危徑險處엔 要回得頭早니라.

● 해석(解釋)

비바람이 심한 곳에서는 다리를 꼿꼿하게 세워야 하고, 꽃이 흐드러지고 버들이 아름답게 늘어진 곳에서는 눈을 높이 두어야 하며, 위태롭고 험한 길에서는 일찍 머리를 돌려야 한다.

● 해설(解說)

위급한 처지에서는 똑바로 버티고 서서 견디어야 하고, 호화로운 곳에서는 안목을 높게 갖고 위험한 곳은 미리 사양해야 한다.

212. 절의와 온화함을 함께 갖추어라.

節義之人은 濟以和衷이라야 纔不啓忿爭之路하고,
功名之士는 承以謙德이라야 方不開嫉妬之門이니라.

● 해석(解釋)

　절의가 있는 사람은 온화한 마음을 가져야만 화내고 다투는 길을 열지 않게 되고, 공명을 세운 선비는 거기에 이어 겸손한 덕을 겸하면 질투의 문을 열지 않게 된다.

● 해설(解說)

　절의 있는 사람은 흔히 꼿꼿하고 차갑게 마련이니, 화평한 기색을 띠기에 힘써서 남과 다투지 말아야 한다. 높은 공을 세운 사람은 거드름을 피우기 쉬우니 겸양의 덕을 길러야 남의 질투를 막을 수 있다. 내가 겸손하면 아무리 사납고 질투심이 강한 사람이라 하더라도 해칠 마음을 품지 못하기 때문이다.

213. 만나기 쉬워야 정이 쌓인다.

> 사대부거관에 불가간독무절이니
> 士大夫居官에 不可竿牘無節이니
> 요사인난견하여 이두행단이요.
> 要使人難見하여 以杜倖端이요,
> 거향불가애안태고니 요사인이견하여 이돈구호니라.
> 居鄕不可崖岸太高니 要使人易見하여 以敦舊好니라.

● 해석(解釋)

　사대부는 관에 있을 때에는 편지 한 장에도 절도가 없어서는 안

243

되니, 남이 보지 못하게 하여 요행을 바라는 단서를 막아야 하고, 향리에 있을 때에는 너무 오만을 부려서는 안 되니, 사람들로 하여금 본심을 쉽게 보게 하여 옛 우호를 돈독하게 하여야 한다.

● 해설(解說)

관직에 있는 사람은 편지 한 장이라도 남에게 보여서는 안 된다. 자칫하면 간사한 사람이 그것으로 요행의 단서를 삼기 쉽다. 단종(端宗)이 폐위되어 영월에 안치되자, 금성대군(錦城大君)이 복위 운동을 하다 순흥으로 귀양을 가게 되었다. 거기에서 그곳 부사 이보흠과 함께 군사를 일으켜 단종을 모시고 서울로 쳐들어갈 계획을 세우고 각 지방에 보내는 글을 썼는데, 그날 밤 관노(官奴)가 사귀고 있던 여종을 시켜 그 글을 훔쳐 가지고 고발하기 위해 서울로 달렸다. 이런 낌새를 알아차린 풍기 군수가 다시 그 글을 관노에게서 빼앗아 조정에 보고함으로써 금성대군은 물론 많은 선비들이 무참히 죽는 변을 당했다.

214. 사람 대하기를 어려워하라.

대인은 불가불외이니 외대인이면 즉무방일지심하고,
大人은 不可不畏니 畏大人이면 則無放逸之心하고,
소인도 역불가외이니 외소인이면 즉무호횡지명이니라.
小人도 亦不可畏니 畏小人이면 則無豪橫之名이니라.

● 해석(解釋)

　대인군자는 두려워하지 않을 수 없으니, 대인군자를 두려워하면 방종한 마음이 없어질 것이요. 소인 역시 두려워하지 않을 수 없으니, 소인을 두려워하면 횡포하다는 이름을 듣지 않을 것이다.

● 해설(解說)

　훌륭한 사람은 본디 존경하지 않을 수 없는 것이다. 훌륭한 사람을 두려워하고 존경하면 함부로 하는 마음이 억제된다. 자기만 못한 사람 역시 두려워하지 않을 수 없으니, 그런 사람까지 조심하는 마음을 가지면 횡포스런 마음이 없게 된다.

215. 삶이 힘들 땐 더한 사람을 생각하라.

> 사초불역에　변사불여아적인이면　즉원우자소하고,
> 事稍拂逆에　便思不如我的人이면　則怨尤自逍하고,
> 심초태황에　변사승사아적인하면　즉정신자분이라.
> 心稍怠荒에　便思勝似我的人하면　則精神自奮이라.

● 해석(解釋)

　일이 조금 마음에 거슬릴 때에는 나만 못한 사람을 생각하면 원망하는 마음이 스스로 사라질 것이요. 마음이 조금 게을러질 때에는 나보다 나은 사람을 생각하면 스스로 분발하는 마음이 일어나게 될 것이다.

● 해설(解說)

자신이 불행하다고 생각될 때에는 나보다 못한 사람도 있다는 걸 생각하면 조금 위로가 되어 원망하는 마음이 사라진다. 또 마음이 게을러지고 자만심이 생길 때에는 자기보다 뛰어난 사람이 있음을 생각하여 정신을 가다듬어 분발해야 발전이 있게 된다.

216. 피곤하다 끝맺음을 소홀히 말라.

불가승희이경낙하고 불가인취이생진하며
不可乘喜而輕諾하고 不可因醉而生嗔하며
불가승쾌이다사하고 불가인권이선종이라.
不可乘快而多事하고 不可因倦而鮮終이라.

● 해석(解釋)

기쁨에 들떠서 경솔하게 승낙하지 말고, 술에 취함으로 인해 성을 내지 말며, 유쾌함에 들떠서 일을 많이 벌이지 말고 권태로움으로 인하여 끝맺음을 함부로 하지 말라.

● 해설(解說)

마음이 기쁠 때에는 지키지 못할 약속을 하기 쉽다.
. 신라 신무왕(神武王)은 아버지의 복수를 하기 위해 청해진으로 장보고(張保皐)를 찾아가 자신의 거사가 성공하여 왕위에 오르면 장보

고의 딸을 왕비로 맞겠다고 다짐하면서 협조를 요청했다. 장보고는 그 말을 믿고 기꺼이 그를 도와 거사를 성공시켰다. 왕위에 오른 신무왕이 장보고와의 약속을 지키려 하자 신하들이 미천한 집안에서 데려올 수 없다고 반대하여 약속을 지키지 못함으로써 틈이 생기고, 장보고는 거기에 앙심을 품었다가 암살당하는 비극을 초래하였다.

217. 책을 읽되 형식에 빠지지 말라.

善讀書者는 要讀到手舞足蹈處라야 方不落筌蹄하고,
善觀物者는 要觀到心融神洽時라야 方不泥迹象이라.

● 해석(解釋)

　독서를 잘하는 사람은 책을 읽으면서 춤이 추어지는 경지에 이르러야 바야흐로 자구(字句)의 뜻에 얽매이지 않고, 사물을 잘 관찰하는 사람은 살펴보되 심신에 융합하여야만 바야흐로 외형에 빠지지 않는다.

● 해설(解說)

　독서는 그 내용을 이해하며 감동을 느껴야지 형식적으로 해서는 안 되며, 사물을 잘 관찰하는 자는 사물과 한 몸이 되어야 외형에 끌리지 않는다.

218. 현명한 자, 부유한 자 베풀라.

천현일인하여 이회중인지우이어늘
天賢一人하여 **以誨衆人之愚**이어늘
이세반령소장하여 이형인지단하며,
而世反逞所長하여 **以形人之短**하며,
천부일인하여 이제중인지곤이어늘
天富一人하여 **以濟衆人之困**이어늘
이세반협소유하여 이릉인지빈하니, 진천지륙민재로다.
而世反挾所有하여 **以凌人之貧**하니, **眞天之戮民哉**로다.

● 해석(解釋)

　하늘이 한 사람을 현명하게 한 것은 여러 사람의 어리석음을 깨우치려는 것인데, 도리어 세상에서는 자신의 장점을 드러내어 남의 단점을 들춰내며, 하늘이 한 사람의 부자를 낸 것은 여러 사람의 곤궁을 구제하려 함인데 세상에서는 도리어 자신이 가진 것을 믿고서 남의 가난을 업신여기니, 참으로 하늘의 죽음을 당할 사람들이다.

● 해설(解說)

　하늘이 현인을 낸 것은 세상 사람을 교화시킬 목적인데 그렇게 하지 않고 도리어 그 현명함을 뽐내어 남의 단점을 들추며, 하늘이 부자를 낸 것은 곤란한 사람을 구제하기 위해서인데 도리어 가진 것을 믿고 가난한 사람을 능멸한다.

219. 어중간한 사람이 같이하기 어렵다.

> 지인은 하사하려리오?
> 至人은 何思何慮리오?
> 우인은 불식부지라, 가여론학하고 역가여건공이라.
> 愚人은 不識不知라, 可與論學하고 亦可與建功이라.
> 유중재적인은 다일번사려지식하니,
> 唯中才的人은 多一番思慮知識하니,
> 변다일번억탁시의하여 사사난여하수라.
> 便多一番億度猜疑하여 事事難與下手라.

● 해석(解釋)

  지인은 무엇을 생각하고 무엇을 염려하겠는가? 어리석은 사람은 무식하여 아는 것이 없으니 함께 학문을 논할 수 있고 함께 공을 세울 수도 있다. 오직 재주가 어중간한 사람은 약간의 사려와 지식이 있다고 여기는 자가 많고, 억측과 시기하는 마음이 많아 일마다 함께 손대기가 어렵다.

● 해설(解說)

  지인이랑 성인을 가리키는 말로 성인은 사려할 필요도 없이 모든 일이 제대로 된다. 그리고 어리석은 사람은 자신의 어리석음을 알아서 시키는 대로 따르므로 학문을 가르칠 수도 있고 함께 공을 이룰 수도 있다. 그러나 어중간한 재능을 가진 사람은 그렇게 되지 않으니 이는 제 딴에는 재능이 있다고 여겨 남의 말을 받아들이지 않을 뿐더러 억측하고 시기하여 함께 일을 할 수 없다.

220. 입은 마음의 문이다.

> 구내심지문이니 수구불밀하면 설진진기하고,
> 口乃心之門이니 守口不密하면 洩盡眞機하고,
> 의내심지족이니 방의불엄하면 주진사혜니라.
> 意乃心之足이니 防意不嚴하면 走盡邪蹊니라.

● 해석(解釋)

　입은 바로 마음의 문이니 입 조심을 잘 하지 않으면 중요한 기밀이 다 새어나간다. 뜻은 바로 마음의 발이니, 마음 단속을 잘못하면 사악한 길로 달리게 된다.

● 해설(解說)

　말은 생각을 나타내는 것이므로 신중하게 하지 않으면 자신의 속마음이 누설되어 후회해도 다시 거두어 담을 수가 없다. 뜻은 자기의 마음에 따르는 발과 같으므로 엄격하게 하지 않으면 사악한 길로 달리게 된다. 그러므로 입과 행동을 삼가서 그로 인해 일어날 수 있는 실수와 해를 피해야 한다.

221. 꾸짖을 때는 허물없음을 찾아라.

책인자는 원무과어유과지중하면 즉정평하고,
責人者는 原無過於有過之中하면 則情平하고,
기자는 구유과어무과지내하면 즉덕진이라.
責己者는 求有過於無過之內하면 則德進이라.

● 해석(解釋)

　남을 책망하는 자는 허물이 있는 가운데서도 허물이 없는 것을 찾으면 마음이 평화롭고, 자신을 책망하는 자는 허물이 없는 가운데도 허물이 있는 것처럼 하여 찾아내면 덕에 진보가 있다.

● 해설(解說)

　남을 꾸짖을 때에는 그 사람의 잘못보다는 장점을 찾으려 애써야 하고, 자신에게는 허물이 없더라도 허물이 있을 것으로 여기면 발전할 수 있다.

222. 어린이는 어른의 씨앗이다.

자제자는 대인지배태요, 수재자는 사부지배태니,
子弟者는 大人之胚胎요, 秀才者는 士夫之胚胎니,
차시에 약화력부도하여 도주불순하면,
此時에 若火力不到하여 陶鑄不純하면,

타일에 섭세립조하여 종난성개령기니라.
他日에 涉世立朝하여 終難成個令器니라.

● 해석(解釋)

자제는 어른의 싹이요, 수재는 사대부의 싹이니, 이때에 만약 화력이 약하여 순수하게 도야시키지 못하면 후일 처세와 벼슬살이에 끝내 훌륭한 인물이 되지 못한다.

● 해설(解說)

제자는 지금 어리고 미숙하지만 앞으로 우리의 대를 이어갈 큰 인물이 될 싹이요, 과거에 갓 급제한 수재는 앞으로 나라를 이끌어갈 싹이다. 이들을 잘 가르치고 길러야 후일 나라와 사회의 큰 인물이 되지, 그렇지 않고 내버려 두면 끝내 그 자신은 물론 국가, 사회도 불행하게 된다.

223. 늦게 이루는 것이 낫다.

군자는 처환난이불우하고 당연유이척려하며,
君子는 處患難而不憂하고 當宴遊而惕慮하며,
우권호이불구하고 대경독이경심이라.
遇權豪而不懼하고 對惸獨而驚心이라.

● 해석(解釋)

　군자는 어려운 일을 당해서 걱정하지 않고, 즐겁게 먹고 놀 때에도 두려워하는 마음을 갖고, 권세 있는 사람을 만나도 두려워하지 않으며, 의지할 곳 없는 사람을 대해서는 조심하는 마음을 갖는다.

● 해설(解說)

　어려운 때를 당하여 걱정하고 실의에 빠진다 하여 일이 해결되는 것은 아니니, 용기를 갖고 극복하는데 힘을 써야 한다. 또 연회 등 즐거운 장소에서는 있을지도 모를 어려움을 생각하여 너무 빠져 들지 말며, 권세 있는 사람에게 괜히 굽실대서도 안 되며, 힘없는 사람이라 하여 무시하지 말고 그 처지를 이해해야 한다.

224. 고요함 속에 인생을 보고 마음을 안다.

도리수염이나　하여송창백취지견정하며,
桃李雖艶이나 何如松蒼柏翠之堅貞하며,
이행수감이나　하여등황귤록지형렬이리오?
梨杏雖甘이나 何如橙黃橘綠之馨冽이리오?
신호라　농요불급담구하며
信乎라 濃夭不及淡久하며
조수불여만성야로다.
早秀不如晩成也로다.

● 해석(解釋)

　복숭아꽃, 오얏꽃이 비록 아름다우나 어찌 푸르른 소나무, 잣나무의 곧은 절개만 하겠으며, 배와 살구가 비록 달지만 어찌 노란 귤, 푸른 귤의 시원한 향기만 하겠는가? 참으로 아름다우면서 쉬이 지는 것이 담담하면서도 오래가는 것만 못하고, 일찍 익는 것이 늦게 익는 것만 못함을 알겠다.

● 해설(解說)

　아름답고 달고 맛있는 것은 잠시는 좋으나 오래가지 못한다. 이와 마찬가지로 인재도 어려서 천재 소리를 듣는 것보다는 늦게 성취되어야 비로소 큰 인물이 된다. 대기만성(大器晩成)이란 바로 이를 가리킨 말이다. 어려서 재능이 뛰어나면 교만하기가 쉬우니 경계해야 하고, 재능이 없는 사람도 갈고 다듬으면 큰 인재가 될 수 있다는 신념이 필요하다.

225. 고요함을 누려야 인생의 참맛을 느낀다.

풍염랑정중에　견인생지진경하고,
風恬浪靜中에 見人生之眞境하고,
미담성희처에　식심체지본연이라.
味淡聲希處에 識心體之本然이라.

● 해석(解釋)

　바람이 잠잠하고 물결이 고요한 데서 인생의 참된 경지를 보고, 맛이 담백하고 소리가 드문 곳에서 본연의 심체를 알 수 있다.

● 해설(解説)

　무상 무념한 가운데서 인생의 참맛을 느끼고, 담담한 가운데서 마음의 본체를 알 수가 있는 것이다.